Contents

목마른 사람에게 바닷물을 건네는
세상에서 살아가기 위해

———————————————

———————————————

———————————————

좋아서 하는 사람,
좋아 보여서 하는 사람

For an autonomous life

엄윤진 지음

혼

좋아서 하는 사람,
좋아 보여서 하는 사람

For an autonomous life

_____

_____

_____

01
일상에 갇혀버린 당신에게

_____

_____

_____

머리에 바위를 이고 산 정상까지 올라가 내려놓으면, 그 돌은 다시 산 아래로 굴러떨어진다. 힘들게 산 정상까지 바위를 올려놓은 그는 별다른 표정을 짓지 않고, 산 아래로 내려가 그 떨어진 바위를 다시 산 정상으로 옮겨 놓는다. 그러면 그 바위는 또 굴러 내려가고, 이 사람은 다시 바위를 산 정상으로 올려놓는 일을 시작한다. 그리고 죽을 때까지 이 일을 반복한다. 고대 그리스의 신화에 나오는 시지프스다. 알베르 카뮈Albert Camus는 시지프스가 신의 이런 형벌에 굴하지 않고 자신의 운명을 경멸하며 저항했다고 말한다. 감옥과 간힌 것과 같은 운명에 저항하며 신의 뜻보다 더 강한 의지를 드러내는 인물이었다고 해석한다. 시지프스는 무거운 바위를 이고 말 없이 산을 오른다. 그는 이 고된 일이 내일도 반복될 거라는, 아니 죽을 때까지 이 의미 없는 일을 해야만 하는 자신의 운명을 이미 알고 있다. 시지프스가 바위를 이고 산을 오르는 모습을 그린 그림을 보면, 어쩌면 무의미할지 모르는 일상을 반복적으로 살아내고 있는 나 자신을 보는 것 같아 마음이 무거워진다. 생계를 꾸리는 일 이상의 의미가 없는 삶을 반복하는 나도 어쩌면 내게 주어진 운명에 굴하지 않고 그 운명 속에서 쉽게 얻을 수 없는 무언가를 창조해낼 수 있지 않을까. 이런 생각을 잠시 하다가도 금세 다시 인간의 삶은 고통과 지루함으로 가득 차 있다고 한 철학자 쇼펜하우어 Arthur Schopenhauer의 말이 떠올랐다.

"거의 모든 사람이 무의미하고, 시시하거나 지루한 삶을 산다. 그러니 삶의 목적이나 의미는 그저 고통스러

위하는 것밖에 없다."

나는 주 6일을 일하고 하루를 쉰다. 밤 열 시 정도에 일이 끝나기 때문에 다른 직장을 가진 친구들과 만나는 게 쉽지 않다. 주말에는 일이 더 많은 편이라 주말에 쉬는 친구들을 보는 것도 가능하지 않다. 하루만 쉬다 보니, 이날은 아들과 함께 시간을 보낸다. 집에서 식물처럼 널브러져 있을 때도 많다. 돈도 없는데 시간적으로도 가난하다. 그래서 시지프스의 바위가 남 일처럼 느껴지지 않았다. 어쩌면 다른 이들도 시지프스의 어깨에 놓인 바위를 보며 나와 비슷한 감정을 느낄지도 모른다.

카뮈는 '이런 갑갑한 일상과 이 일상의 연속인 운명에 대해 멸시하고 저항하는 시지프스는 행복할 거야'라고 상상하라 말한다. 그의 말처럼 내가 처한 환경에 대해 우울해하거나 좌절하지 않는 것이 정신 건강에 도움이 된다고 생각하며 위안 삼아야 할까. 현실에 만족하는 것이 내 마음을 달랠 수 있을지는 모르겠지만, 그렇게 생각하지도 않으면서 만족한다고 느끼려 노력하는 것은 더 자기기만일 것이다. 차라리 현실에 대한 불만족에서 어떤 대안을 찾아내고, '내가 진정으로 되고 싶은 나를 만들어낼 가능성을 어떻게든 스스로 만들 거야'라고 생각하는 게 더 낫지 않을까.

시지프스는 신의 형벌을 받았기 때문에 죽을 때까지 그 바위를 옮겨야 한다. 에덴동산에서 쫓겨나 일생을 노동하며 살아야 한다고 벌을 내린 유대 민족의 신도 철학자 프리드리히 니체 Friedrich Wilhelm Nietzsche 에 따르면 죽었다고 한다. 그런데 시지프스처럼 무의미하고 지루한 일상을 살아내는 현대인은 신마저 죽어버린 사회에서 왜 이렇게 그와 같은 형벌을 받고 있을까. 평생 고생하며 살라고 한 신도 없는 세상에서 현대인은 일상에 쫓겨 하루하루를 힘겹게 버텨낸다. 스마트 기기 때문에 점점 퇴근 이후에도 업무에서 벗어나지 못하는 경우가 많아지고 있다. 오죽하면 퇴근 후에 일에 관해 생각하지 않는 방법에 대한 조언이 구글에 넘쳐난다. 어쩌면 현대인의 수면 부족이 일상화된 건 자연스러운 결과일지 모른다.

세계 보건 기구는 선진국의 노동자들 사이에서 수면 부족이 만연해졌다고 하면서, 수면 부족을 유행병이라 선언했다. 잠을 충분히 자지 않는 것은 신체적 질병뿐만 아니라 정신 질환 발생과도 상당한 연관이 있다고 한다. 한 예로 하룻밤 정도를 4~5시간 이하로 자면, 암세포를 공격하는 면역 세포의 70%가 감소한다고 한다.

현재 노동자들이 처한 상황이 이렇다 보니 미국, 영국, 서유럽의 몇몇 국가, 그리고 아시아의 한국과 일본에서 수면 부족으로 인한 질환이 급증하고 있다는 글이 고등학교 영어 모의고사에 나올 정도다. 쉴 틈 없이 쏟아지는 일에 녹초가 되기도 하고 심지어 과로사를 당하기도 한다. 계속된 과로에 지쳐 회사를 그만두면 정체성에 대한 혼란과 함께 갑자기 무료해지며 허무감이 밀려오기도 한다. 일 말고는 할 줄 아는 게 별로 없다 보니 일하지 않으면 갑자기 너무 많아진 시간을 어떻게 써야 할지 몰라 당황해하거나 쉬이 무료함을 느끼는 것이다. 충분치 않은 휴식으로 인해 지쳐 있지만, 막상 일하지 않으면 다시 무슨 일이라도 해야 할 것만 같은 기분이 든다. 일하려고 태어난 게 아닐 텐데, 하던 일이 갑자기 없어지면 찾아오는 공허감을 달래지를 못한다.

창의적인 일을 하는 예술가나 자기 일을 하는 것이 즐거운 소수를 제외하곤 어쩌면 일은 한 사람이 살아가는 데 필요한 최소한의 돈을 버는 수단일 것이다. 어쩌다 보니 이런 수단이 삶의 목적으로 바뀐 듯하게 보일 때도 있고, 그 수단이 한 사람의 정체성이 되어버린 것 같기도 하다. 마치 바위를 드는 일을 하기 위해 세상에 존재하는 것 같이 열심인 사람을, 그 바위를 산 정상까지 계속 옮기는 것에서 자신의 정체성을 발견하는 현대인을 시지프스가 본다면, 어떤 생각을 할까.

현대인의 비극은 여기서 끝나지 않는다. 회사의 비용을 아껴주기 위해 2인 1조로 해야 할 일들을 혼자 처리하다가 죽는 비정한 사고도 잊을 만하면 한 번씩 뉴스에 나와 안타까움을 자아낸다. 위험한 일이어서 아무도 하려 하지 않는 일을 삶의 무게에 떠밀려 어쩔 수 없이 하다가 산업재해로 매일 2명 이상이 죽는다. 매일 이렇게 죽는 사람들도 누군가의 소중한 아들, 딸일 거고 남편과 부인일 것이다. 누군가의 소중한 부모일 수도 있다. 이렇게 고되고 위험한 일자리마저 노동시장의 유연화 때문에 언제 잃을까 불안해하는 이들이 많다. 자신을 그토록 녹초로 만드는 그 바위마저 잃어버릴까 전전긍긍하는 사람들이 많다는 얘기다.

그런데 이상하다. 우리의 조상인 호모 사피엔스가

한곳에 정착하며 산 지가 겨우 만 년 정도다. 그 이전에는 날씨가 좋은 곳을 찾아다니며, 들에 핀 곡물이나 과일을 먹고 살았다. 가끔 운이 좋으면 사냥에 성공해 고기를 먹을 수도 있었다. 운이 좋게 사냥에 성공한 날은 가족뿐만 아니라, 무리를 이루어 같이 떠돌아다니는 구성원들과 나눠 먹었다고 한다. 그래야 단백질 공급이 안정적으로 이루어질 수 있기 때문이다.

그런데 놀라운 사실은 우리의 조상들은 식량을 얻기 위해 우리처럼 많이 일할 필요가 없었다는 것이다. 열흘을 살기 위해 평균적으로 하루 정도의 채집과 수렵이 필요했다고 한다. 하루 일하고 9일을 쉬는 것이다. 현대인인 우리와 비교하면 훨씬 더 많은 여가를 누렸다. 수십만 년 전의 조상보다 노동 생산성이나 식량 재배 기술이 비교할 수 없을 정도로 좋아졌는데, 우리는 왜 이렇게 더 많은 시간을 일해야 할까. 주 5일 근무하고, 이틀을 쉰다. 뭔가 이상하다.

남반구에는 여전히 식량이 부족한 인구가 10억 명을 거뜬히 넘어선다. 이런 식량이나 생필품의 부족이 빈곤 국가에서만 일어나는 게 아니다. 수원시 길거리 한복판에는 각종 식료품이 채워진 냉장고가 설치되어 있다. 코로나 19 대유행으로 일자리를 잃은 사람들을 위해 시민 단체와 지자체가 설치해 놓은 냉장고다. 이처럼 수렵과 채집을 하며 살던 우리 조상들보다 훨씬 더 발전한 시대임에도 현대인은 더 많은 시간을 노동하고도 생활에 필요한 식량과 같은 필수적인 것들을 충분히 얻기가 만만치 않다.

유목민으로 살아갈 때보다 현재 인구수가 비교가 안 될 정도로 많아져서 생산해내는 자원을 나눠야 하기 때문일까. 이것도 아닌 것 같다. 1930년대에 경제학자 메이나드 케인스John Maynard Keynes는 당시 복리의 이자율과 생산성 향상 속도를 고려하면 다음 세기에는 모든 사람이 기본적인 생계를 걱정하지 않아도 될 것으로 예상했다. 하지만 이번 세기가 시작된 지 벌써 이십 년이 지났지만, 경제학자 케인스가 예측한 세상은 아직도 너무 멀게 느껴진다. 마틴 루터 킹 주니어 Martin Luther King Jr 도 이렇게 말한 적이 있다. "가난 문제엔 전혀 새로운 게 없다. 우리는 오랜 세월 늘 가난과 함께했다. 하지만 오늘날에는 다른 게 하나 있다. 현재 우리에게는 가난을 없앨 여러 자원과 기술이 있다. 거기다 가난에서 우릴 자유롭게 할 과학 기술도 있다. 핵심은 정부가 우리를 가난에서 해방할 의지를 가졌느냐다."

아직도 세상이 이 모양인 건 케인스의 예측 실력이 형편없어서일까. 마틴 루터 킹 주니어가 세상 물정 모르는 이상주의자여서 이런 말을 했던 것일까.

현대인은 유목민이었던 우리 조상들보다 훨씬 더 많이 일한다. 여기서 끝이 아니다. 그 일자리를 얻기 위해 교육에 엄청난 시간과 돈을 투자하지만 늘 생계가 불안하다. 시지프스는 가혹한 운명에 저항하며 무거운 바위를 들고 있지만, 그 흔한 바위마저 현대인에겐 구하기가 어렵다. 그러다 보니 적당한 무게의 바위를 얻기 위해 수많은 이들이 최소 십 년에서 이십 년 가까이 교육에 투자한다. 그러고도 변변한 바위 하나 구하지 못하고, 다음 생을 기약하거나 자신의 능력 없음을 탓하며 낮은 자존감에 시달리기도 한다. 한편으로 피나는 노력으로, 수많은 것들을 포기하며 공부에 매진해 일류 대학에 들어간 사람들은 자신의 어깨 위에 올려놓을 든든한 바위를 찾는 데 성공하고, 그 바위 때문에 행복해하기도 한다. 바위에 새겨진 회사의 로고가 뿌듯하고, 그 바위를 열심히 드는 일을 자기 정체성으로 여기며 산다. 그러다 회사가 이제 그만 어깨에서 바위를 내려놓으라고 통보하면, 사람들은 마치 자아를 잃어버린 것 같은 절망감과 무력감에 빠지기도 한다.

시지프스와는 비교도 되지 않는 무거운 책임을 지는 극소수의 사람도 있다. 이들은 엄청난 권력과

재력을 가진 이들이다. 이들의 바위는 정말이지 화려하고 누구나 우러러볼 정도로 거대하다. 간신히 돌멩이 하나 구한 사람부터 소자, 중자, 대자 바위를 든 모든 사람이 이들을 부러워한다. 그러다 보니 이 무거운 것을 들기 위해 물불 안 가리고 달려드는 사람의 수가 상당하다. 또 우리 사회 한쪽에서는 바위 구하기 경쟁에서 밀려나거나 이런 경쟁에 나설 엄두를 내지 못하고 방안이나 집안에서만 머물며 생활하는 사람들도 있다. 단지 그 수고스러운 바위 하나 찾지 못했다는 이유로 좁은 방안에 자신을 가둔 채 살아간다.

시지프스 혹은 우리의 조상이 이렇게 풍요로운 시대에 자책하며, 불안해하고, 또는 크고 화려한 바위를 얻기 위해 경쟁하는 우리를 보면 어떤 생각이 들까. 우리는 이상할 정도로 이 바위 구하기 경쟁에 대해, 평생토록 바위를 드는 형벌과 같은 운명에 대해 충분히 의심하거나 저항하는 거 같지 않다.

앞서 말한대로 현대인은 생산성이 높고, 식량 기술을 포함한 거의 모든 기술이 발전한 세계에서 그렇지 않았던 우리 조상보다 훨씬 더 많은 일을 한다. 거기다 늘 불안한 프리케리아트(precariat; 불안정한 고용·노동 상황에 놓인 비정규직·파견직·실업자·노숙자들을 총칭하는 말) 신세인 사람도 상당히 많다. 하지만 이러한 이해하기 힘든 현실을 향한 의심은 충분치 않아 보인다. 대부분의 사람들이 그냥 다른 사람들처럼 바위를 구하는 데 열중하고, 운이 좋아 든든한 바위를 찾으면 마치 훈장처럼 그 바위를 자기 정체성으로 믿으며 꿋꿋이 살아간다.

우리는 스스로 되풀이되는 일상에 우리를 가둬놓았다. 갇힌 사실 자체를 인식하지 못하는 사람도 상당히 많다. 그러다 보니 이런 운명과 이해할 수 없는 현실에 저항하는 것을 상상하지 못한다. 인간에게 자신의 운명을 개척해나갈 자유의지가 있기나 한 걸까. 있다면 어느 정도 있는 걸까. 밥벌이가 우리의 생각과 삶의 방식을 다 결정해버리는 환경에서 우리가 가진 자유의지는 운명에 얼마나 영향을 미칠 수 있을까. 시지프스와 같은 처지에 있는 현대인은 자신의 자유의지로 일상이라는 감옥에서 벗어날 수 있는 것일까.

안타깝게도 니체는 인간이 가진 자유의지는 식물이 가진 정도일 거라고 말한 적이 있다. 식물의 운명은 씨앗에서 시작한다. 이 씨앗은 자기 의지와 관계없이 바람에 불려 어느 한 곳에 떨어진다. 씨앗의 운명은 자신의 의지가 아니라 씨앗이 뿌리내리게 될 환경에 더 큰 영향을 받는다. 씨앗이 우연히 떨어진 흙에 충분한 수분과 양분이 있는지, 주변에 햇빛을 가리는 큰 나무는 없는지, 꽃을 피우면 꽃씨를 날라줄 곤충들이 충분한지가 이 식물의 운명을 결정한다. 니체는 인간도 크게 다르지 않다고 말한다. 사람도 어느 시대와 어느 지역에 태어날지를 선택할 수 없고 태어날 집안도 고를 수 없기 때문이다. 운명 앞에 선 인간의 무력함은 여기서 끝나지 않는다.

태어난 나라나 지역, 타고난 건강과 이후의 영양관리, 교육과 문화환경, 부모의 경제적 여력 등에 따라 그 아이의 운명은 달라진다. 평화로운 곳에 태어났는지 아니면 전쟁이 일어나는 곳에 태어났는지가 우리에게 미치는 영향은 너무도 분명하다. 평화로운 곳에 태어난 아이도, 시골에서 농부의 자녀로 태어났느냐 아니면 서울의 중산층 가정에서 태어났느냐에 따라 누리게 될 교육과 문화 등의 가능성과 기회가 분명히 다르다. 이처럼 사람도 꽃씨처럼 자신의 의지와 전혀 관계없이 덩그러니 세상에 던져진 것이다.

그리고 이 책을 읽고 있는 당신도 자신이 원하는 시대에, 원하는 지역에 태어나지 않았다. 우린 그저 세상에 던져진 것처럼 태어났다. 어디서 불어온지도 모르는 바람에 날려 떨어진 벌의 날개에 묻은 꽃씨처럼, 이 땅에 던져진 것이다. 흙에 '감금'당한 식물과는 다르게 우리는 우리의 두 발로 걸을 수 있으니 훨씬 자유로운 것이라 생각할 수 있다. 하지만 돈과 시간이 충분치 않은 나는 두 발을 가지고 있으면서도 직장과 집 외에 다른 곳을 가기 어렵다. 그리고 하루 벌어 하루 먹고사는 사람들, 그 하루 벌이도 언제 사라질지 몰라 전전긍긍하는 사람들에게는 잠재성을 끌어낸다거나 자아를 실현한다거나 하는 일은 배부른 소리일 뿐이다. 하루하루 생존하기 위해 일주일에 하루를 제대로 쉬지도 못하는 삶에서 어떤 새로운 가능성을 발견할 수 있을까. 이들 중엔 인생을 비관하는 이도 많을 것이다. 세상에 태어난 것이 한 달 내내 일해 겨우 하루하루 끼니 거르지 않기 위해서인지, 혹은 생활비를 간신히 벌기 위해서인지를 고민하며 한탄하는 사람도 많을 것이다.

그렇다면 식물과 처지가 같은 우리는 과연 어떻게 살아야 할까. 어떻게 자신의 의지와 무관하게 던져진 환경을 이겨내고 운명을 개척해나갈 수 있을까. 무슨 수로 바위 찾기 경쟁에서 벗어나 자신만의 삶을 꾸릴 수 있을까. 대체 어떤 삶이 우리를 행복하게 할까. 그리고 자유는 정말 우리를 행복하게 할 수 있을까. 내가 진정 살고 싶은 삶은 과연 어떤 것일까. 이런 물음들은 시지프스처럼 운명에 갇힌 현대인들이 스스로에게 한 번쯤 물어봐야 할 필요가 있는 물음들이다. 나 또한 현대인 중 한 명이다. 왜 이런 삶을 살아야 하는지 나 자신에게도 물어봤다.

생각해보면 그동안 내가 내린 수많은 선택이 현재의 나를 만들었다. 내 가치와 취향들은 어떻게 생겨난 걸까. 한 단어나 문장으로 나를 규정할 수 있을까. 규정한다 해도 정확할까. 정확하다 해도 점차 변하는 것이 아닐까.

현재의 나를 만든 수많은 선택은 진짜로 내가 내린 선택일까. 그 선택에 나의 자유의지 말고 영향을 준 것들은 무엇일까. 난 왜 일상에 만족하지 못할까. 불만족스러운 일상에서 벗어나기 힘든 이유는 무엇

일까. 나 역시 살고 싶은 삶에 대해 진지하게 생각해
볼 때가 된 것 같다. 이어지는 글에서 이런 질문들에
대한 답을 탐색하고 그 과정에서 얻게 된 여러 대안
을 담았다.

02
내 안에서 나를 만드는 것들

_____

_____

_____

나는 나를 누구라고 생각할까. 스스로 묻고 보니 질문 자체가 적절한 것 같지 않다. 시간이나 환경에 따라 낯선 내 모습을 발견할 때도 있고, 십 년 전의 나와 지금의 내가 다르듯 미래의 내 모습도 지금과는 같지 않을 테니까. 나는 누구일까라는 질문보다는 어떤 내가 되고 싶은지 묻는 게 더 적절할 듯하다. 난 늘 새로운 내가 되고 싶다. 마치 시간이란 재료로 빚은 조각처럼 나와 내 삶을 조각하고 싶다. 나만의 선택으로 오늘과 내일, 먼 미래에도 주체적인 삶을 살고 싶다. 고정된 내가 아닌 늘 새로운 모습으로 거듭나고 싶다. 우리는 지금 이 순간 내리는 선택으로 새로운 미래의 나를 잉태한다. 지금부터 선택을 어떻게 하느냐에 따라 큰 변화 없이 나를 유지할 수도 있고, 지금의 나와는 눈에 띄게 달라질 수도 있다. 지금의 나도 결국은 과거의 내가 내린 선택의 결과들이 모인 것이니까. 일상적으로 내리는 생활 습관에 대한 선택도 장기적으로 내 건강과 운명에 영향을 미친다. 더불어 내가 생계를 위한 일을 할 것인지 아니면 내가 진정으로 되고 싶은 나를 만들기 위해 노력할 건지에 따라 각기 다른 삶을 살게 될 것이다. 물론 둘 다 하기로 선택해도 둘 중 하나를 선택한 결과와는 다를 것이다.

이처럼 선택은 내 몫이다. 그런데 선택의 기준도 온전히 내 안에서 나온 것이었을까. 이 물음의 답을 찾기 위해 그동안의 내 선택이 어떤 식으로 이루어졌는지를 살펴보았고 '난 지금까지 어떤 기준으로 선택했을까'라는 질문을 하게 되었다. 감정에 따라 선택했을까, 아니면 나와 비슷한 상황을 겪은 사람들을 참고해서 선택했을까. 그것도 아니면 타인의 선택이나 의견에 영향을 받지 않고 내 가치에 따라 독립적으로 판단했던 걸까. 혹은 딱히 기준 없이 그때마다의 방식으로 선택했을까. 시원한 답이 나오지 않았다. 나름의 원칙도 있었던 것 같지만 상황에 따라 다르기도 했던 것 같다. 공교육을 거치고 영어를 배우기 위해 학원이나 어학연수를 간다든지 했을 때는 여느 사람들이 했던 방식을 따라 했던 것 같다. 돈을 더 많이 버는 데 집중할 것인지 아니면 내가 하고 싶은 일을 할 것인지에 대한 선택에 직면했을 땐 생계에 필요한 최소의 돈만 벌면서 내가 하고 싶은 일을 하기로 선택했던 것 같다.

정리해보면 어떤 때는 스스로 내린 선택도 있었고, 주변 사람들의 조언에 따랐던 적도 있었다. 또 어떤 때는 양자 중에 어떻게 할지 몰라 오랫동안 오락가락하던 때도 있었다. 전날 밤에 내린 결정이 아침에 일어나면 뒤바뀌는 일도 많았다. 중년이 넘어서 되돌아보니, 내 선택이라고 할 수 없는 것들도 상당히 많았다. 진정으로 원해서 선택한 것도 있지만 주변 사람들의 시선을 의식해서, 혹은 사회가 중요하다고 암묵적으로 강요한 기준이나 규범에 따라 결정한 경우도 상당했다. 그리고 이런 선택을 할 때 스스로 판단한 것이라 착각했을 가능성이 높다.

내가 선택의 주체라고 확신하면서, 혹은 그런 인식조차 없이 남들을 따라 했거나 남의 시선과 주변인의 기대를 의식하며 선택했을지 모른다. 그래서 선택을 하고도 그 선택을 한 자신을 이해하지 못하는 경우도 많았다. 선택은 분명 내가 했지만 이러한 선택 방식이 어쩌면 내 삶의 주인됨을 스스로 부정하게 하는 것일지 모른다는 생각이 들었다. 내 가치와 기준에 맞게 선택한 게 아닌, 많은 이가 깊은 고민 없이 따르는 기준에 맞춰 선택하는 건 내 문제를 사회와 타인이 정하도록 결정권을 내어준 것과 같았다. 왜 예전엔 지금처럼 한 번 더 생각하지 못했을까. 튀지 않는 방식으로, 그 정도면 괜찮은 선택이라는 사람들의 인정을 받기 위해서였음을 어째서 몰랐을까. 그러다 문제가 생기면 "남들도 다 그렇게 하잖아"라며 보편성 뒤에 숨어 책임을 회피하려고 했던 것일까.

만약 내 선택의 상당수가 이런 식으로 내려졌다면, 나는 고유한 나만의 삶이 아닌 그저 사는 대로 생각하는 삶을 살았던 것이나 다름없다. 물론 타인과 사회의 방식에 내 삶을 맞추는 것에도 장점이 있다. 많은 사람이 선택하는 길이라면 그만한 이유가 있을 것이며, 함께 걷기 때문에 안정감도 느낄 수 있다. 하지만 삶을 결정함에 있어서 자신이 아닌 타인과 사회, 외부 세계로의 의존이 높아진다면 고유한 나는 점점 희미해지지 않을까.

이런 고민이 선명하지 않았을 무렵, 문화학을 접하게 되었다. 그러면서 선명치 않았던 문제의식이 명확해졌다. 문화학cultural studies은 현대인이 사회를 살며 내리는 선택에 문화가 얼만큼의 영향을 미치는

지, 또 한편으론 그 개인은 문화의 영향에 독립해서 얼마나 주체적으로 선택할 수 있을지를 탐구한다.

개인은 하루하루 수많은 선택을 한다. 문화학은 이러한 선택 중에 상당수가 그렇게 선택하도록 부추겨졌거나 암묵적으로 강요된 것으로 의심한다. 예를 들어 도시와 마을에 수많은 건물과 집이 있다. 집과 건물 사이에는 큰 골목이 있고 그 골목을 연결하는 작은 골목도 있다. 우리는 벽을 관통해서 이동하지는 못하기 때문에 길이 나 있는 곳으로만 지나가야 한다. 이 지나가야 할 경로는 누가 어떤 기준으로 만드는 것일까.

그렇다면 생각의 경로는 어떨까. 물리적인 한계가 없으니 한없이 자유로울까. 그런데 왜 우리는 이토록 유형화된 삶을 택할까. 왜 다수가 유사한 가치 판단을 하게 됐을까.

우리가 공교육 제도권 학교에 다닌 것도 우리 사회의 교육제도가 특정한 방식으로 정해져 있기 때문이다. 초등학교, 중학교, 고등학교에 들어갈 때 학교에 다닐 건지 아니면 학교에 다니지 않고 대안교육 시설이나 홈스쿨링을 택할지 고민하는 가정은 아직 많지 않다. 일반적으로는 고등학교 혹은 대학교까지 졸업한 후 어떤 식으로든 경제활동을 시작한다. 취업이든 창업이든 경제활동을 하는 것 역시 대부분 선택이 아닌 필수라 여긴다. 자본주의 사회에서 경제활동은 마땅한 일이기 때문이다. 사실상 학교를 졸업한 후 경제활동을 시작하는 것은 선택이라기보다는 자연스러운 삶의 한 과정이자 경로와 같다. 자본주의가 기본 이념인 사회에서의 공교육과 경제활동은 의식적으로 선택할 수 없는 부분이며 대부분의 사람들이 아무런 문제의식을 갖지 않은 채 정해진 방향으로 나아가게 된다. 그 외에 별다른 도리를 모르기 때문이기도 하다.

어떻게든 취업에 성공하면 결혼해서 아이를 낳는다. 그다음 집 한 채를 마련하기 위해 주택담보 대출을 받는다. 그리고 육아로 인한 비용과 대출 상환을 위해 수십 년의 시간을 써버린다. 그러다 보면 어느새 중년을 지나 노년기의 초입에 이르러 있다. 마치 육아와 아파트 한 채를 장만하는 일에 헌신하기 위해 태어난 것 같다는 생각이 들 정도다. 그런데도 많은 사람이 '육아와 내 집 마련 프로젝트'에 큰 의심 없이 덥석 뛰어든다. 그래도 최근 들어 이런 전형적인 삶에 의문을 제기하는 사람들이 젊은 세대를 중심으로 조금씩 생기는 것 같다. 그러나 아직은 대다수 비슷하게 산다. 이렇게 사는 것이 답이라고 생각해서일까. 아니면 다 그렇게 사니까 따라가는 것일까. 이처럼 우리가 의식 없이 행하는 수많은 선택과 생활 양식들은 어떻게 시작되었고 우리를 대체 어디로 데려갈지에 대해 문화학적 시선으로 다시 한번 살펴볼 필요가 있다.

03
내가 원하는 선택과
사회가 원하는 선택

이야기를 시작하기 전에 먼저 문화에 대한 정의를 내려보자. 정의하기 쉽지는 않지만 그래도 정의해보면 문화는 한 사회를 사는 사람들이 가진 여러 생각, 지식이나 정보, 가치, 신념 혹은 심지어는 편견까지 포함한다. 문화는 이러한 모든 추상적인 것들의 총합이다. 문화를 받아들이는 방식은 개인마다 다르기도 하고 비슷하기도 하다. 이를 공유하면서 서로의 생각을 인식하고 균형을 맞춰간다.

 가령 정치 제도인 민주주의나 공교육 제도에 대한 견해, 직업이나 연애에 대한 기준이나 규범, 사회 안전망에 대한 의견, 종교, 예술, 대중문화, 언론, 사법 제도, 경제 이념인 신자유주의나 사회주의 같은 것들에 대해서는 비슷한 생각이나 판단을 가진 사람들이 많다. 연예인, 작가, 방송 프로그램, 스포츠, 취미 활동이나 여러 취향에 대해서도 서로 비슷한 호불호를 가진 사람들이 많다. 우리 삶을 규정하는 여러 제도와 그 제도에 대한 견해와 혹은 서로 다른 판단도 문화의 한 부분이다. 문화를 먼저 정의해본 이유는 우리가 내리는 선택에 문화가 어떻게 영향을 미치는지 살펴보기 위해서다.

철학적으로 주인과 노예를 가르는 기준이 있다. 노예는 남이 정한 기준과 규칙을 본인이 원치 않아도 반드시 따라야만 한다. 반면에 주인은 삶을 사는 데 필요한 규칙이나 기준을 스스로 정한다. 자신이 해야 하는 일보다 하고 싶은 일을 하며 산다.

우리에겐 하루하루 살기 힘든 와중에 지켜야 할 사회적 관습과 도덕적 규범, 사람들의 시선과 기대, 그리고 반드시 지켜야 할 법 같은 것이 참 많다. 해야 하는 일과 해서는 안 되는 일들로 가득하다. 여러 관계에서 비롯된 의무도 상당하다. 결혼하면 배우자의 집안에서 요구하는 것들이 있고, 새로운 친구나 연인을 만나면 그들과의 관계 유지를 위해 해야 할 일도 적지 않으며 남편이나 부인으로, 자식이나 부모로, 혹은 친구나 직장인으로 해야 할 것들이 너무 많다. 이 모든 것들이 내가 삶에서 진짜로 하고 싶은 것들을 후순위로 밀어낸다.

조금 멀리 살지만 말이 통하는 친구를 만나러 가는 것, 가족과 함께 주말을 보내거나 여행하는 것, 사회 문제를 개선하기 위해 뜻을 같이하는 친구들과 연대하는 것, 학문적 성취를 위해 공부하는 것, 자아실현을 위한 노력과 일상의 갖가지 스트레스에서 벗어나기 위해 필요한 시간 같은 매우 중요한 일을 할 여유를 앗아간다. 이런 것을 다 하며 사는 사람은 운이 좋은 것이다. 이뿐인가. 내가 욕망하는 것이 사회의 도덕적 규범과 맞지 않을 때도 많다. 내 행복을 추구하는 일이 주변 사람들이 가진 여러 기준이나 규범과 충돌할 때, 우리에겐 상당한 용기가 필요하다. 사람들의 시선과 사회적 기준 때문에 내가 하고 싶은 일보다는 원치 않은 일을 해야 할 때도 많다. 물론 가끔 주위의 시선과 규범에 아랑곳하지 않고 자신의 행복을 추구하는 사람들도 있다. 그렇지만 이들 역시 자신의 행복을 위해 사회적 평판은 일정 부분 포기해야 한다.

이처럼 돈과 시간의 부족뿐 아니라 자유를 구속해 내가 행복해지는 것을 막는 것들은 주변에 널려 있다. 문제는 신체의 자유만 구속하는 것에서 그치지 않고 생각과 상상의 자유까지 통제한다는 점이다. 일부일처제 사회에서 어떤 사람이 여러 사람을 동시에 사랑하는 마음이 생겼을 때, 그 사람의 마음속에 어떤 생각부터 들까. '난 난잡하고 부도덕한 사람인가'라고 물으며 자신을 탓할 가능성이 높다. 이성애가 절대다수인 사회에서 동성에게 연애 감정을 느낄 때, 잘못된 존재가 된 듯한 혼란이 일어날 수도 있다. 맞고 틀리고를 떠나서 이렇듯 사회적 통념은 우리의 생각에 적지 않은 영향을 미친다. 하지 말아야 할 것들, 사랑하지 말아야 할 사람들, 소위 선을 넘지 말아야 할 것을 만들어낸다. 오늘날의 금기들에 대해서 정말로 해서는 안 되는 일인지 다시 한번 따져봐야 하지 않을까. 그 외에도 일상의 행동을 지배하거나 제한하는 여러 규범은 한없이 많다. 이따금 수없이 많은 규범의 실타래로 얼키설키 얽힌 미로에 갇힌 듯한 느낌이 들 때가 있다.

가끔 사회가 정한 선을 넘고 싶거나, 실제로 넘으면 주변 사람들의 따가운 시선이 꽂힌다. 이 보이지 않는 수많은 선이 이끄는 대로만 생각하고 행동하는 사람에게 착한 사람이라고, 법 없이도 살 사람이라고 말하기도 한다.

관점을 조금 바꿔서 생각해보자. 이런 선들의 정체는 뭘까. 나는 이 선들이 내 자유를 베는 날카로운 칼처럼 느껴진다. 이런 선들 하나하나를 유심히 살펴보고 필요 없는 것들은 하나씩 하나씩 가위로 끊어내고 싶다. 왜일까. 자유로워지고 싶어서다. 살면서 느끼는 여러 유형의 답답함, 탁 트인 공간을 찾는 욕구의 원인은 이런 수많은 선이 우리를 지나치게 많이 통제하기 때문일지도 모른다. 내가 누릴 자유의 폭을 넓히기 위해 이 선에 대해 조금 더 자세히 살펴봐야 한다.

삶의 여러 측면에 대한 가치관, 신념, 상식, 관습, 사회 구성원이 지키는 여러 규범, 심지어는 철 지난 편견 같은 것도 내 판단과 태도, 말과 행동에 영향을 끼친다. 환경이나 기후 위기에 대해 인식하는 사람은 작게는 일회용 컵부터 잘 쓰지 않으려 한다. 정치나 종교적 신념이 사람의 말과 행동에 미치는 영향은 포털 뉴스나 신문 기사를 보면 쉽게 알 수 있다. 태극기를 든 사람들을 보면 정치·종교적인 신념의 힘이 얼마나 강력한지 쉽게 파악할 수 있다. 남자다움과 여자다움에 대한 전통적인 견해가 내가 무엇을 입고 어떻게 행동할지에 영향을 주고, 내가 어떤 색을 좋아해야 하는지까지 영향을 미친다. 남자와 여자는 특정 상황에서 어떻게 반응해야 하는지, 성에 대해서는 어떤 태도와 입장을 가져야 하는지까지 정해준다. 더불어 주변 사람들이 나에게 갖는 기대들도 나의 생각, 태도, 말, 행동에 영향을 미친다. 이런 식으로 만들어진, 시간이 흐름에 따라 단단해진 신념과 가치관은 사람의 모든 것을 지배한다. 사람의 행동을 조종하는 것을 넘어 아예 한 사람을 완전히 휘어잡아 버린다. 더 큰 문제는 그 신념에 완전히 사로잡힌 사람들은 그 신념에 자신이 포로가 되었다는 사실을 인식하지 못하는 경우가 많다. 그렇게 되면 사람이 신념을 가진 게 아니라 신념이 사람을 사로잡아 조종하는 것과 같다.

그런 신념이나 철학 그리고 그것에 바탕을 둔 가치에도 다 유효기간이 있다. 생물의 진화를 부정하는 사람들, 여성은 남성보다 열등하다거나 여성이

할 일은 따로 있다고 생각하는 사람들, 성 소수자를 혐오하는 사람들, 자연은 아직도 인간을 위해서만 활용해야 한다고 생각하는 사람들처럼 철 지난 편견에 사로잡힌 사람들이 있다. 이들은 모두 신념에도 유통기한이 있다는 사실을 모르는 것이다. 이들은 시대와 지역을 초월해 언제나 옳은 진리가 있고, 그 진리가 자신들을 자유롭게 할 거라고 믿는다. 실상은 '자유롭게'하는 것이 아니고, 그 진리가 나온 시대와 전혀 다른 세상을 사는 자신들을 그 과거에 '가두는' 것이다. 안타깝게도 이들은 이 사실을 상상조차 하지 못한다. 신념이나 가치, 혹은 철 지난 편견에서 한 발짝 떨어져 그것들이 나와 내 주변 사람들의 자유를 제한하는지 따져봐야 한다. 그 결과 자신과 타인, 사회에 해악이라고 판단되면 과감하게 새로운 세상에 맞는 것들로 교체해야 한다. 그래야 나를 얽매는 것에서 조금 더 자유로워지고, 과거 세대와는 다른 삶을 살 수 있다.

나를 부자연스럽게 하거나 불행하게 하는 추상적인 것들, 그게 신념이든 가치든 혹은 상식이든 편견이든 모든 철 지난 것은 사람을 숨 막히게 하기 마련이다. 이러한 것들이 우리의 사소한 행동까지 지배하고 보이지 않는 미로에 가둬버린다. 정해진 인생의 경로대로만 우리를 끌고 간다. 이 미로를 구성하고 있는 보이지 않는 선들을 항상 경계해야 하고, 이 미세한 선들이 여전히 적절한지 계속해서 따져봐야 한다. 내가 가야 할 길을 규정하는 불필요하고 해로운 선들을 잘라낼 때, 미처 가보지 못한 새로운 길을 걷게 되지 않을까. 이제 내가 어떤 신념이나 가치를 가진 게 아니라 그 신념과 가치가 나를 사로잡아 조종하지는 않는지 내 생각과 태도, 의식을 체크해보자.

난 여전히 한 번도 살아 본 적이 없는 삶을 갈망한다. 똑같은 교육을 받고, 똑같은 가치에 바탕을 두고 살고, 똑같은 기준으로 인생의 성공과 실패를 구별 짓는 삶은 너무 지루하고 폭력적이라고 생각하기 때문이다. 사람들이 내 통장의 잔고로 내 인생의 성공 여부를 평가하는 것을 난 인정하지 않는다. 난 누구보다도 더 개성 있는 삶을 살아보고 싶다.

04
세상을 바꿀 순 없어도
세상이 나를 바꾸지는 못하도록

_____

_____

_____

철학자 슬라보예 지젝Slavoj Zizek 이 만든 흥미로운 다큐멘터리가 있다. 제목이 〈기묘한 이데올로기 이야기Perverts' guide to ideology〉다. 이 다큐멘터리에서 지젝은 1988년에 미국 할리우드에서 만든 영화 한 편을 소개한다. 할리우드 좌파가 만든 잊힌 걸작이라고 지젝이 소개한 영화는 존 카펜터John Carpenter 감독의 〈화성인 지구 정복They live〉이다. '존 나다'라는 이 영화의 주인공은 집도 절도 없이 떠돌아다닌다. 그러다 어느 빈 교회 건물에 들어가 선글라스 한 박스를 발견해 그중에 하나를 들고 나온다. 로스앤젤레스 시내를 걷다가 그 선글라스를 쓰면서 이상한 현실을 발견하게 된다. 거리와 고층 건물에 걸린 광고판에서 기이한 메시지를 보게 된다. 자신의 눈을 의심하며 선글라스를 벗으면 다시 평범한 광고판으로 보인다. 하지만 그 안경을 다시 쓰면 그 광고들과 책들이 원래 전하려는 메시지가 보인다. 그 메시지는 "생각하지 마라(No thought), 텔레비전 봐라(Watch television), 물건을 사라(Buy), 복종해라(Obey or submit), 결혼해서 애 낳아라(Marry and reproduce), 잠들어 있어라(Stay asleep), 돈이 너의 신이다(Money is your god)" 같은 것들이다. 이런 메시지들이 책, 잡지, 방송과 신문, 거리의 광고판이 전달하는 숨은 의미들이라는 것이다. 권력과 부를 독점하는 정치, 경제 제도에 의심 없이 복종하고, 텔레비전이나 인터넷 광고를 보면서 화려한 물건을 사고, 웬만하면 결혼해서 애 낳으며, 깊이 생각하지 말고 인생을 즐기라는 것.

지젝의 해석에 따르면, 다양한 미디어는 이 영화의 원제(They live)처럼 사람들이 '그렇게' 산다고, 이

게 괜찮은 삶의 방식이라고 끊임없이 현대인을 세
뇌하는 것이다.

　지젝은 한 사회가 큰 혼란이나 소요 없이 작동하
려면 그 사회의 구성원에게 특정한 신념이나 가치
를 주입해야 한다고 말한다. 이것을 이념이라 한다.
중세 유럽에서는 하느님이 각 사람의 지위와 신분
을 결정한다는 이념을 주입했다. 언뜻 보기에도 공
정하고 자애로운 기독교의 하느님과는 어울리지 않
는 신분제다. 그런데도 중세 기독교가 하느님이 각
사람의 신분을 정해준 것이라 가르치다 보니, 수많
은 노예나 농노가 귀족이나 왕에게 대항하는 일이
거의 일어나지 않았다. 왕과 귀족에 저항하는 것은
하느님이 부여한 질서에 도전하는 것을 의미하기
때문이다. 이런 '죄'를 짓는 건 죽어서도 천국에 갈
수 없다는 것을 의미했다.

　그렇다면 자본주의 시대의 이념은 어떤가. 철학자
루이 알튀세르 Louis Pierre Althusser 는 국가가 사람들에게 "일은 의무다. 훌륭하게 수행된 일은 사람들에게 즐거움이다. 현재 직업이 마음에 들지 않으면 자유롭게 다른 직업을 선택할 수 있다"고 가르쳤다고 한다. 이념은 사회의 구성원이 현재의 제도에 관해 스스로 동의하게 하는 방식으로 그 제도를 유지한다. 이처럼 이념은 음모가 아니다. 그러니 자본주의 사회에 사는 한 개인은 '일은 의무이며, 즐거움이다'라는 이념을 의식적으로 판단해서 인정하는 것이 아니다. 이념을 의도적으로 퍼트리는 것은 더더욱 아니다.

한 예로 조지 엘리엇George Eliot의 소설 『아담 비드』 속 인물 아담 비드를 예로 들 수 있다. 아담 비드는 자신의 계급적인 불합리를 파헤치려 하지 않는다. 아담은 단지 자신의 직업적 의무를 감당하고, 자기 일에서 즐거움을 느낀다. 하지만 일에 대한 의무감과 일을 하며 느끼는 즐거움 때문에, 그의 노동력을 활용해 얻는 사장의 이윤보다 현저히 적은 그의 보수는 부각되지 않는다. 집주인들이 부과한 임대료보다 자신의 임금이 훨씬 적은 현실도 감춰진다. 그렇다고 아담이 의도적으로 착취의 현실을 감추려 하지도 않는다. 하지만 소설 속 장면에서 사장, 집주인, 그리고 노동자 관계에서 존재하는 이러한 계급적인 불평등과 차별이 묘사된다.

이러한 사실주의적인 소설은 개인이 사회와 가지는 여러 가상의 관계(사장과 노동자 사이에 존재하는 경제적인 위계 구조)를 다시 한번 보여줌으로써 이를 보는 사람들로 하여금 이 불평등하고 차별적인 질서를 의식적인 판단 없이 인정하게 만든다. 독자는 이런 소설을 읽을 때 아담이 겪는 계급적인 차별을 재확인하면서도 결국 이런 경제적인 착취 관행을 자연스럽게 여기거나 불가피한 것으로 받아들이게 된다.

이런 계급적인 차별과 착취를 소설 속에 묘사한 작가 조지 엘리엇, 소설 속 가상의 인물인 아담 비드, 그리고 이 소설을 의심이나 분석 없이 읽은 독자 모두가 당시의 자본주의 이념을 다시 한번 긍정하고 퍼트리는 일에 가담하게 된다. 자기들이 어떤 일을 하는지 모른 채로.

알튀세르는 소설과 같은 텍스트는 동시대에 돌고 있는 가치와 의미를 담는 그릇일 뿐이며 소설 속 등장인물, 이 소설을 쓴 작가, 그리고 이걸 의심 없이 읽는 독자 모두 동시대의 지배 이념을 퍼트리는 일에 자신들도 모르게 참여하는 것이라 주장한다. 알튀세르는 이렇게 말하기도 했다.

"인간(주체)은 모든 이념의 목적지다. 이념이 재생산(복제)되는 곳이 인간이라는 말이다. 이것이 바로 이념이 갖는 힘의 근원이다. 이념은 내면적이고, 우리는 이념을 담는 그릇이자 이념의 표현물이다. 우리는 너무나 당연하고 분명한 것들을 말할 때마다 이념을 아무 의심 없이 인용한다."

이념은 이런 방식으로 작동한다. 자본주의 이념은 자본주의 사회가 잘 돌아가게 하려고 '있지도 않은 자유와 평등'의 가치를 퍼트리기도 한다. 하지만 현대인은 존 나다의 선글라스를 구할 수 없기에 임금의 굴레에 빠진 자신을 인식하지 못한다. 자유 민주주의 국가에 사는 '자유인'으로 자신을 인식한다. 자신이 그렇게 열심히 얻으려 노력했던 바위가 자신을 무의미하게 반복되는 일상의 굴레에 가둔다는 사실을 깨닫지 못한 채 말이다. 더 큰 문제는 이런 이념을 가까스로 인식해내도 해법이 쉽게 보이지 않는다는 데 있다.

지젝은 한 가지 이념을 인식해 벗어나면 또 다른 이념이 그 사람을 가둔다고 말한다. 사람들은 이념이 가리고 있는 실제, 이념이 걷히고 난 차가운 현실을 외면하려 한다. 그런 현실을 직시하는 것 자체가 고통이기 때문이다. 너무나 많은 사람이 같은 이념 속에 살고 있기 때문에 당신이 이념의 문제를 파악

했다 하더라도 갑자기 이전과는 다른 삶의 방식을 선택하는 데는 엄청난 용기가 필요하다. 다르게 살기를 선택하는 것이 두렵기 때문이다. 용기를 낸다 해도 실제로 자신이 처한 현실을 극복해내기는 더 어렵다. 이념의 울타리에서 한 발짝 벗어난 사람들이 주로 겪는 혼란이다. 우리에겐 자유의지가 있다고 세뇌될 정도로 교육받았지만, 그리고 원하는 걸 할 수 있는 두 팔과 원하는 곳은 어디든지 갈 두 다리를 가졌지만 여전히 무엇을 하고, 어디를 가야 할지 혼란스럽기만 하다.

05

자의적 게으름뱅이,
타의적 부지런쟁이

_____

_____

_____

바야흐로 자기 계발의 시대다. 자기 계발이란 무엇일까. 내 생각엔 자기 계발은 사과즙을 먹으려고 믹서기를 발명하는 것과 같다. 과즙을 먹으려면 그냥 사과를 씹어 먹어도 되지만 인간은 믹서기 설계도를 만든다. 그다음 믹서기의 부품을 만들고 조립한다. 이제는 스마트 믹서기를 개발하기 위해 인공지능을 공부한다. 이처럼 인간은 단순한 방식보다는 복잡하게 사는 법을 택한다. 이뿐만일까. 사실상 거의 삶의 모든 측면에서 그렇다. 그럴 필요가 없는 것까지 복잡하게 세분화시킨다.

인간의 삶은 수렵, 채집하던 삶에서 농사를 짓는 삶으로, 그다음은 공장 노동자의 삶, 지금은 사무실 노동자나 플랫폼 노동자로 변해왔다. 보통은 일주일에 이틀을 쉬지만 하루만 쉬는 노동자도 상당하다. 주 5일을 일하고도 생활에 필요한 것들을 충분히 얻지 못하는 사람도 많으며 애초에 5일을 일할 직장을 얻지 못하는 사람도 많다. 결국 일자리를 구하기 위해, 구한 뒤에도 해고당하지 않기 위해 끊임없이 여가를 아껴 자기 계발을 한다. 일자리를 얻기 위해 거의 이십 년에 가까운 시간을 교육받았고 다양한 노동 능력을 배웠는데도 뒤처지지 않기 위해 혹은 승진하기 위해 계속해서 자신의 전문 분야에 관한 지식과 기술을 업데이트해야 한다.

예를 들면 천을 짜는 기계가 스스로 부족함을 느껴 자신이 짠 섬유를 염색할 기술을 스스로 배우거나, 새로운 부품을 장착하기 위해 자기 돈과 시간을 투자한다. 사실 이 돈과 시간은 자신에게 줘야 할 휴식 시간이고 앞으로도 계속 천을 짤 수 있도록 자신의 관절에 바를 기름을 살 돈이다. 그런데도 기어이

염색하는 능력까지 갖추고 스스로를 대견해한다. 하지만 그것도 잠시, 바로 옆의 기계는 직조, 염색 기술에 더해 바느질 기술까지 갖추는 데 성공할 것이다. 따라잡아야 할 것이 또 생기는 것이다.

이처럼 매일매일 혁신적인 아이디어와 신기술이 등장하고 새로운 상품과 서비스가 나오는 속도는 점점 빨라진다. 이 속도를 따라잡는 건 여간 어려운 일이 아니다. 이러다 보니 맡은 일이 끝나도 일과 관계된 학습에 자기 시간과 돈을 투자해야만 도태되지 않을 수 있다. 마음 편히 쉴 틈은 점점 줄어든다. 근무 시간과 퇴근 이후의 경계는 희미해지고 일이 끝난 후에도 끝난 것 같은 기분을 느낄 수 없게 된다. 아이러니하게도 이 힘든 생활을 계속하기 위해 자기 계발을 게을리해서는 안 되는 것이다.

그렇게 리스크를 조금이라도 줄이기 위해 아무리 열심히 자기 계발을 해도 우리는 늘 불안하다. 만성 피로를 달고 산다. 부지런하단 말을 자주 듣고 바빠

죽겠다는 말을 입에 달고 산다. 가끔은 누가 바쁜지 경쟁하는 것처럼 스스로의 바쁨을 자랑하듯 떠벌리기도 한다. 마치 바쁘지 않으면 안 되는 것처럼.

이렇게 부지런하게 열심히 사는 우리는 자본주의를 굴리는 작은 톱니바퀴 역할을 한다. 이 작은 톱니바퀴 역할을 얻는 경쟁도 치열하다. 서로 그 역할이라도 하겠다고, 박봉을 감수하며 달려드는 톱니바퀴가 셀 수 없이 많다. 이러다 보니 언제 대체될지 모른다는 불안감에 사로잡힌 채 열심히 일한다. 그러다 몸이 다 닳아버리면 바로 그 자리를 갖기 위해 대기 중이던 다른 톱니바퀴가 얼른 그 자리를 차지한다. 이런 환경에서조차 언제나 전보다 더 빨리 일해야 하고, 더 똑똑해져야 하며, 더 창의적이기를 요구받는다. 늘 완벽한 톱니가 되라고 강요받는다. 이런 기준에 조금이라도 못 미칠까 봐 늘 자기 계발에 최선을 다한다. 자기도 모르게 부지런해진 채로, 항상 불안해하면서.

하지만 늘 더 잘하고, 더 오래 일하라고 요구받으면서도 우리가 왜 이렇게 일해야 하는지에 대해 생각할 시간은 없다. 이렇게 살면 우린 정말 행복해질 수 있을까. 사실 자기 계발 문화 관련 산업(미국 시장 규모만 연간 10조 원 이상)은 노동자에게서 여러 종류의 노동력을 헐값에 사들이기 위한 수법으로 개발됐다. 자기 계발서도 마찬가지다. 자기 계발을 부추기는 책들은 노동자에게 어떤 조언을 할까. 자기 계발의 방법을 알려주는 책들은 거의 예외 없이 모든 일의 책임을 개인에게 돌린다. 거기에 더해 '당신이 당신의 삶에 있어 가장 중요하다'는 말도 잊지 않는다. 사실 이 말은 너에게 일어난 일, 그게 해고든 미취업이든 그건 너의 책임이라는 의미다. 직장을 구하기 어려워하는 사람의 문제도 그 개인의 열정과 능력 혹은 노력 부족 탓이고, 직장에서 해고되는 것도 시장의 변화나 과도한 경쟁 혹은 사측의 무책임한 경영 행태와는 전혀 관계가 없다고 주입하는 것이다. 결국 모든 원인은 개인에게만 있다는 것. 치료비가 많이 드는 질병을 얻게 된 것도, 치료비를 감당할 수 없어 막막한 처지에 놓이게 된 것도 전부 다 그 사람의 문제다. 균형 잡힌 식단을 챙길 경제적 여유가 없어서 정크 푸드만을 먹을 수밖에 없는 사람의 비만과 이를 비롯한 여러 건강 문제도 오롯이 그 개인의 문제인 것이다.

이런 문제들의 원인이 경제적 불평등과 빈약한 사회 안전망, 혹은 노동 정책의 부재와는 관계가 없다고 말하거나 혹은 아예 이런 구조적인 문제를 언급조차 하지 않는다. 언제나 환경 변화에 적응하지 못한, 게으른, 특히 자기 계발에 게을렀던 개인의 책임만을 말한다. 노동시장의 유연화로 인한 쉬운 해고, 작은 정부를 외치며 복지와 사회 안전망에 대한 정부 지출을 줄이거나 공공 일자리가 줄어도, 자기 계발서는 한결같이 '이건 다 공부 열심히 하지 않은 너의 책임이니 자기 계발서를 읽어, 고장 나거나 뒤

떨어진 자신을 고쳐'라고 말한다. 그러려면 당연히 더 부지런해야 한다고 조언한다. 그 결과 우리는 뭐든 해야 한다는 강박에 사로잡혔고 마음도 몸도 늘 바쁘고 부산하다. 사회는 기댈 곳 없는 개인을 보호해주기는커녕 책임을 떠넘긴다. 마치 냉정한 오디션 프로그램의 심사위원처럼. 그러면서 불안한 현대인의 심리를 빌미로 자기 계발 관련 상품과 서비스를 팔아치워 얼마 남지 않은 돈까지 털어간다. 이윤 극대화란 목표를 이루기 위해 정말이지 할 수 있는 모든 걸 한다.

우리는 얼마나 더 능력 있는 노동 상품이 돼야 할까. 자기 계발서가 주장하는 것처럼 끊임없이 다음 단계로, 계속해서 유연하게 변화해 자신을 업그레이드시킨다고 치자. 그러다 나보다 특정한 면에서, 아니 모든 면에서 뛰어난 인공지능이 나오면 시키는 대로 열심히 쉬지 않고 자기 계발한 나를 계속써 줄까. 그럴 리 없다. 최소 임금만을 주면서 노동자의 능력을 다 쥐어짜다가 다재다능한 인공지능이 나오면 필요가 없어진 사람부터 자르고, 늘 그랬듯 그 사람에게 오직 너에게서, 너의 내면에서 문제의 원인을 찾으라고 할 것이다.

그렇다면 자기 계발은 다 나쁘기만 한 것일까. 내가 지향하는 삶과 내 인생의 가치에 맞게 사는 데 필요한 것들을 하나씩 배워나가는 것은 내가 앞서 얘기한 떠밀린, 혹은 언제 뒤처질지 모른다는 불안에 기인한 수동적인 자기 계발과는 다를 것이다. 자신이 살 작은 집을 짓는 법을 배우고, 그 집 앞에서 텃밭을 일궈 자족하기 위해 농사를 짓는 법을 배우는 것처럼 걸어 본 적이 없는 새로운 길을 위해 배우는 일은 능동적이고 주체적인 자기 계발이다. 이러한 독립적이고 자발적인 삶을 살기 위한 여러 방법에 대해서는 책의 후반부에서 다룰 것이다.

06

좋아하는 것과
좋아한다고 믿는 것

미디어는 스스로 돈을 벌지 못한다. 방송, 신문사, 유튜브는 콘텐츠를 유통하는 곳이다. 이들 대부분은 콘텐츠를 유료로 제공하지 않는다. 최근까지 우리나라에선 콘텐츠에 직접 돈을 지불하고 즐기는 문화가 자리 잡지 않았었는데, 요즘엔 확실히 유료 콘텐츠를 제공하는 사업이 늘어나고 있다. 그렇다면 이 전엔 콘텐츠를 만들고 유통하는 회사들은 어떻게 수익을 냈을까. 바로 광고다. 막대한 자본을 가진 기업들이 이곳에 광고한다. 기업은 상품과 서비스를 팔아 이윤을 내고, 그 돈으로 직원들에게 월급을 준다. 그리고 더 많은 돈을 벌기 위해 그 돈으로 TV 방송, 신문, 인터넷, 유튜브에 광고비를 지출한다. 이러다 보니 광고 수익이 수입 대부분을 차지하는 미디어 기업들은 소비를 조장해야 한다.

우리가 미디어에 출연하는 유명인의 팬이 되는 이유는, 그 유명인이 가진 특정한 매력 때문이다. 물론 그 매력은 그들이 원래 가지고 있는 특징일 수 있다. 하지만 미디어가 그 유명인의 매력적인 측면을 더 강조해서 내게 보여준 것이기도 하다. 나아가 드라마 연출가나 방송국 PD, 영화감독은 출연자들에게 영향을 끼치는 것을 넘어 시청자나 관객의 감정에도 영향을 줄 수 있는 사람들이다. 이들은 단순히 주어진 것을 만든다기보다 그 콘텐츠를 보는 이들로 하여금 특정한 감정을 느끼도록 연출한다. 보는 사람들이 언제 슬퍼야 하고, 분노해야 하며, 언제 웃으며 행복감을 느껴야 하는지를 지시한다. 연출이 최종으로 목표하는 것은 관객의 감정이다. 그리고 관객은 그들이 보여준 이미지들, 예컨대 성공과 연애 등의 이미지를 보고 느낀 감정을 통해 특정한 태도나 가치관을 형성한다. 예를 들어 드라마 연출가가 화려한 라이프 스타일을 가진 성공한 캐릭터를 드라마에서 묘사한다. 시청자는 이런 전형적인 묘사로 인해 성공한 사람은 집과 자동차 같은 화려한 상품을 소비하고, 멋있는 옷을 입는다고 생각하게 된다. 성공한 사람에 대한 드라마의 묘사가 대중에게는 성공한 사람의 전형으로 각인된다. 그러다 보니 성공을 선망하고 열망하는 대중은 이런 소비를 모방한다. 대중이 드라마에 나오는 성공한 캐릭터를 따라 소비를 하는 것은 그 캐릭터가 가진 성공의 이미지를 사는 것이다. 그렇게 대중은 드라마에 나오는 성공한 캐릭터가 사는 방식대로 사는 것이 성공이라고 인식하게 된다. 오래전부터 문학 이론literary theory에서는 드라마 대본 같은 일종의 문학이 사람들의 태도나 가치관 형성에 영향을 미친다고 주장했다.

인기 유튜브 영상도 마찬가지다. 나도 가끔 이런

콘텐츠를 보며 울고 웃고 분노한다. 다수가 볼 수 있는 콘텐츠로 인해 많은 이가 비슷한 호기심과 취향을 갖게 된다. 단순히 유행이라 부를 수도 있지만 보는 사람 대부분이 같은 감정을 느끼고 비슷한 호기심과 취향을 갖는다는 것은 유튜브 크리에이터가 우리의 호기심과 취미 형성에 상당한 영향을 미친다는 것이다. 물론 내 취향이나 특정한 것에 관한 관심은 나의 선택인 것도 맞지만 인기 유튜버의 콘텐츠에 무분별하게 영향을 받고 있는 것은 아닌지 생각해봐야 한다. 어떤 콘텐츠든지 간에 그걸 소비하는 순간 내 안에 일어나는 여러 감정, 그리고 내가 뭔가에 대해 갖는 기호에 대해서 살펴볼 필요는 분명하다.

다른 문화 콘텐츠도 마찬가지일 것이다. 사람들은 영화를 고를 때도 많은 사람이 보는 영화에, 책도 일단 많이 팔리는 것에 먼저 눈이 간다. 이렇게 많은 사람이 읽고 본 것을 다시 더 많은 사람이 읽고 본다면 응당 가치관에도 획일화가 일어난다. 많은 사람이 보는 영화나 책이 훌륭하지 않다는 말이 아니다. 하지만 어쩌면 읽기가 조금 까다롭고, 사람들이 많이 찾지 않는 콘텐츠가 가치 있는 경우도 많다.

이들뿐 아니라 수많은 뉴스 업계 종사자도 특정한 인물이나 정치·사회적 현상에 대해 대중이 특정한 태도나 감정을 갖게 하려고 애쓴다. 당신이 어떤 뉴스 보도를 보면서 특정한 감정이 일어나거나 어떤 견해가 생기면, 그 안에도 역시 언론사와 편집자의 의도가 함께 섞여 있는 것이라 보면 된다.

영화제에서 감독상을 받은 감독은 영화란 장르의 대가일 수 있지만, 어쩌면 대중의 감정을 조종하는 일에 대가인 것이다. 마찬가지로 뉴스를 편집하는 언론사 편집자 역시 우리가 가질 세계관과 감정을 조작하는 일의 대가다. 이런 일을 전문적으로 하는 사람들을 가리키는 말이 있다. 일명 스핀 닥터 spin doctors다. 이들은 자신이 사용하는 어휘와 기사 제목에 세심한 주의를 기울인다. 이들은 언어를 매우 세심하게 사용해 사람들이 사회적 현상을 특정한 관점으로 보게 한다. 이런 관점을 소위 프레임이라 한다. 이 프레임을 이용해 사람들이 특정 사건을 자신들이 의도한 각도에서 보게 한다. 이들은 이렇게 사람들이 견해를 형성해나가는 과정에 영향을 미친다. 뉴스와 기사를 특정하게 배열해 하나의 스토리를 만든다. 이렇게 만든 스토리에는 의도가 담겨있다. 이들은 이 스토리를 활용해 시청자들이 자신들의 의도대로 인식하고 판단하게 한다.

지식인이든 일반 시민이든 사회적 현상에 대해 자신의 입장을 갖게 될 때, 그 현상에 대한 첫인상이나 판단이 중요하다. 이 첫인상이나 판단에서 내가 분노할지 슬퍼할지 혹은 감동할지를 결정한다. 이렇게 생긴 판단과 이 판단에서 일어난 감정이 맞다는 것을 사람들은 재확인하려 한다. 자신들의 첫 감정적 판단이 옳았다는 것을 뒷받침하는 정보나 지식은 받아들이지만 처음 판단을 반박하는 정보나 지식은 무시하거나 그 정보 출처의 신뢰도를 의심한다. 이게 감정이 이성을 압도하는 방식이다. 많은 이가 이렇게 느끼고 사고하기 때문에 어떤 정치·경제적인 사건이 발생하면 언론사들은 앞다투어 관련 내용을 보도한다. 그 사건에 대한 대중의 첫인상을 심기 위해서다.

이런 식으로 신념, 가치관, 상식, 편견과 같은 것이 만들어지지만 사람들은 그것이 온전히 자신의 것이라고 믿어버린다. 우리는 태어날 때부터 가치나 신념을 가지고 있지 않다. 자라면서 생겨난다. 그렇다면 스스로 그 모든 것을 만들었을까. 자신의 생각이라는 재료 하나로? 전혀 그렇지 않다. 사람들 머릿속에 있는 대부분의 정보나 지식 중에 스스로 만든 것은 거의 없다. 유포된 지식이나 정보를 바탕으로 신념이나 가치는 만들어지는 것이다. 그렇기에 미디어는 생각을 만드는 이미지를 유통하는 업

체다. 학교는 이미 만들어진 지식을 아이들에게 유포한다는 점에서 약간 다르다. 어쨌든 우리 뇌에 있는 정보나 지식, 이에 바탕을 둔 가치와 신념 같은 것은 사실상 미디어에서 '내려받아' 뇌라는 하드디스크에 저장해둔 것이다. 내려받은 정보와 관련한 주제에 관해 의견을 밝히거나 토론해야 할 때 우린 그저 가공해서 '불러내기' 하는 것일 뿐이다. 우리는 이렇게 다운로드하는 행위를 학습이라고 배웠고 저장한 대로 잘 불러내기만 해도 주관이 뚜렷하다는 소리를 듣는다. 그러니 자신이 말하고 있는 것들을 온전히 자기 생각으로 착각하는 일이 다반사다. 자신의 주관을 확신하는 사람은 자신이 미디어의 의도대로 포획됐다는 사실을 전혀 의심치 않으며 의심하지 않음으로써 미디어의 포로가 된다.

그렇다고 아무런 외부 영향도 받지 않고 살아갈 수는 없다. 그래서 우리는 어디서 영향을 받을지에 대해 고민해야 한다. 돈과 권력의 영향에서 상대적으로 자유로운 미디어는 사실 '개인'이다. 역사적으로 권력의 눈치를 보지 않고 철학적인 메시지를 생산해낸 사상가들이 있다. 사상가가 창조하거나 가공한 메시지는 적어도 권력자나 자본의 관점에서 상대적으로 자유롭다. 이런 메시지들은 학교나 언론에서 만든 것보다 훨씬 더 깊이 있고, 개인과 사회에 모두 긍정적인 영향을 줄 가능성이 크다. 위대한 사상가의 책은 어렵다는 이유로 대학의 추천 도서 목록에만 이름을 올릴 뿐, 많은 사람에게 읽히진 않는다. 하지만 몇백 년, 혹은 몇천 년이 지난 뒤에도 고전으로 인정받는 책들은 깊이 있는 깨달음과 지혜를 담고 있는 경우가 많다. 금방 읽거나 시청해 소비하는 것들보다 더 깊이 생각할 문제를 던져 준다. 사회의 아픈 곳을 진단하고 치료법을 제시한다. 이들은 사람들이 당연하게 여겨 지나치는 것 중에 개인이나 집단의 자유를 구속하는 것들을 찾아낸다. 개인과 공동체 모두를 자유롭게 하는 일에 헌신한 이들이기 때문이다. 그러니 주관이 뚜렷해지고 싶다면, 조금 어려워도 이들에게서 아이디어를 얻는 것이 조금 더 현명하다. 단, 사상가의 이야기에도 그 사상가의 동시대인이 가졌던 편견이 일부 섞여 있다. 원유를 추출해서 바로 자동차 연료로 쓰면 안 되는 것처럼, 사상가의 생각도 비판적으로 걸러내는 과정은 필수다.

07

우리가 가진 것이
우리를 소유한다

_____

_____

_____

'우리가 물건을 가진 것이 아니라, 그 물건이 우리를 소유한다'는 오래된 속담이 있다. 우리가 일상에서 가장 많이 하는 행동 중의 하나가 소비일 것이다. 소비는 왜 할까. 필요와 욕망을 채우기 위해서다. 광고는 욕망을 부추기고, 사게 하기 위해 우리 내면에 자리한 허영을 자극한다. 우리가 어떤 상품이나 서비스를 구매할 때 그것이 꼭 필요한 때도 있지만, 단지 남들이 사니까 혹은 이미지 관리를 위해 소비하기도 한다. 요즘은 스트레스를 소비로 푸는 사람도 많다.

새로운 상품이 사고 싶어질 때, 우리는 그 상품을 어떻게 알게 되었을까. 지인의 추천일 수도 있고, 광고

성 기사를 본 뒤 욕망이 일어났을 수도 있다. 소비하려면 먼저 어떻게든 상품이나 서비스의 존재를 알아야 한다. 대중 매체가 우리에게 소개해주지 않으면 상품이 시장에 나온지조차 알 수 없고 그러면 당연히 사고 싶은 마음이 들 수도 없다. 이처럼 부추겨진 욕망으로 소비하는 경우가 점점 더 많아지고 있는 것은 사실이다. 욕망에 이끌려 필요치도 않은 것을 구매한 것인지 아닌지는 시간이 조금만 지나도 알게 된다.

일상에서 이용하는 모든 미디어가 사고 또 사라고 은근히 혹은 대놓고 떠든다. 쏟아지는 광고들은 너무나 친절하게도 내가 무엇을 욕망해야 할지, 내가 어떤 소비 취향이나 라이프 스타일을 가져야 할지까지 말해준다. 특정한 음식이 얼마나 맛있을지, 여행이 얼마나 당신을 멋지게 보이도록 하고 특별한 경험인지에 대해 잊지 않도록 상기시켜준다. 이런데 어떻게 소비하지 않고 배겨낼 수 있겠는가. 꼭 필요하지 않은 것도 필요하게 보이는 광고의 힘은 정말이지 저항 불가다. 혁신적인 광고 기법과 미디어의 융단폭격식 광고가 만들어낸 소비 부추김은 막강하다.

우리의 뇌 속에 있는 운동 신경 세포 중에 '거울 신경 세포mirror neurons'라는 것이 있다. 이 거울 신경 세포는 주변의 사람이 특정 행동을 하면 그걸 보고 활동한다. 쉽게 설명하면 한 사람이 나무를 비비어 불을 피우거나 나뭇가지나 잎으로 지붕을 만들어 비를 피하는 것을 보게 되면 이 거울 신경 세포가 작동한다. 어느샌가 자신도 그 행동을 따라 하게 된다.

예를 들어 거리를 걷다 보면 최근의 패션 트렌드가 쉽게 파악된다. 특정한 스타일의 옷이 유행하면 그런 옷이 대량 생산돼 다수의 사람이 같은 옷을 입기 때문이다. 유행에 민감하게 반응하는 것이 마치 트렌디한 것으로 보일 수 있지만, 매년 거의 안 바뀐 똑같은 상품이 신제품처럼 시장에 다시 나오고 이를 또 앞다투어 구매하는 것에는 분명 바람직하지 못한 부분이 있는 것 같다. 아름다움의 기준이 스스로에게 있지 않으니 새로운 것이 아닌 단지 새 것을 사는 것이다.

물론 갖고 싶던 물건을 사면 기분이 좋아진다. 많은 이가 우울하거나 기분전환이 필요할 때 소비한다. 미용실에 가서 머리를 한다든지, 갖고 싶지만 가격이 비싸 망설이던 물건을 지른다. 나도 그렇다. 지금도 가끔 기분전환을 위해 무언갈 사려고 하다가 이내 그 생각을 접곤 한다. 사실 사는 순간 잠깐은 기분이 좋다. 최신의, 고품질의, 유행하는 것일수록 기분은 더 좋아진다. 그 상품을 광고하는 유명인이 가진 이미지가 좋을수록 만족도는 높아진다.

어쩌다 보니 우리는 많이 소유한 사람을 성공한 사람으로 여기게 되었다. 부를 기준으로 사람을 계층화하고, 소수는 우월감을 가지고, 다수는 상대적인 열등감을 느낀다. 자본주의가 돈이라는 거의 유일한 최상위 가치를 정해놓았기 때문이다. 사람들은 돈으로 산 물건으로 삶의 성공 여부를 평가한다. 이런 획일적인, 그래서 폭력적인 기준에 저항하는 사람은 많지 않다. 오히려 자신을 표현하는 방식이 너무 단순해졌다. 특정한 상품이 그 상품을 사용하는 사람의 정체성이나 신분을 표현하는 용도로 쓰이는 세상이다. 자동차를 단순히 교통수단으로만 생각하지 않고, 최신 스마트폰이나 명품 가방도 단지 본래의 용도만을 위해 구매하지 않는다. 상품 그 자체를 사는 것이 아닌 브랜드가 암시하는 특정한 경제적 지위나 취향을 구매한다. 그렇게 산 상품으로 자신의 정체성이나 이미지를 드러낸다. 나를 남다르게 보이게 할 수 있는 가장 단순한 방식이다. 돈으로 산 물건과 서비스로 나를 매력적으로 보이게 하는 게 보편적인 문화가 되었다. 그 외의 방식으로 자신을 표현하는 법을 배운 적이 없으니 특정한 상품으로만 자신을 표현하는 것이다.

내면과 세계의 본성에 관해 스스로 묻고, 그 물음에서 나온 나름의 합리적인 답으로 삶을 살아가는 건 어쩌면 너무 이상적이고 재미없는 자아실현 방식이 되어버린 걸까. 이제 나를 표현하는 가장 효과적이고 손쉬운 방법은 당연히 돈을 최대한 많이 버는 것이다. 그 돈으로 다 사면 되니까. 애초에 사치품으로 자신의 정체성이나 권위를 드러내는 사람을 인정하지 않는 문화가 있었다면, 지금처럼 우리가 좋은 대학에 가기 위해, 대기업에 취업하기 위해, 사업에 성공하기 위해 아등바등 경쟁하지 않았을지 모른다. 하지만 특정 브랜드의 아파트와 자동차, 가방과 같은 사치재를 얻기 위해 시간을 팔거나 빚을 지고 또 그것을 갚기 위해서 쉴 새 없이 일해야 하는 악순환은 여전하다.

그러나 상품만으로 자신을 개성 있게 만드는 데는 분명 한계가 있다. 대부분이 대량생산품들이기 때문이다. 대량생산품으로 개성을 만든다는 것 자체가 모순이다. 오히려 남들과 다르지 않다는 방증으로 보일 확률이 더 높다. 경제적인 계층은 드러낼 수 있겠지만, 이 또한 얼마든지 꾸며낼 수 있다.

그런데도 경제적으로 여유롭지 못한 사람이 무리해서 고가의 물건을 사는 모습은 이제 흔하다. 각자의 환상을 떠받치기 위해서다. 하지만 그 환상을 유지하기 위한 비용은 상당하고, 한번 높아진 눈은 내려올 생각이 없다. 그렇기에 우리는 멈출 수가 없다. 하기 싫은 일이어도, 몸이 아파도, 부당한 대우를 받아도 우리는 부지런하다.

현대인의 욕망은 점점 더 다채로워져 가지만 그만큼의 책임과 의무도 함께 동반된다. 욕망을 채우면 채울수록 시지프스의 바위는 더 커지고 무거워진다. 해야 할 일로만 일상이 가득차버린다. 하루하루 점점 더 팍팍해지지만 아무리 아등바등해도 겨우 제자리를 유지하는 게 한계다.

필요한 것만 사는 습관을 들여야 한다. 노동 시간을 줄이기 위해서다. 일상을 바꿀 수 있는 가장 큰 힘은 시간적 여유에 있다. 한 번이라도 더 하고 싶은 일을 하고, 원하는 사람과 함께할 시간적 여유가 필요하다. 쉴 없는 일상에서 비롯된 스트레스를 잊기 위해 소비에 의존하는 것은 표류한 배 위에서 갈증을 달래기 위해 바닷물을 마시는 것과 같다.

문화는 이런 식으로 우리가 살 삶의 경로를 소리 없이 정한다. 문제는 문화의 이런 영향이 우리와 환경에 긍정적으로만 작동하지 않는다는 데 있다. 이제 문화의 보이지 않는 영향을 인식하고 어느 선까지 받아들일지를 정해야 한다. 무분별한 경제활동과 소비문화는 한 인간 개인의 주체성을 넘어 지구에 사는 수백만 종의 생명을 위협하고 있다. 그런데도 이에 대해 잠시 멈춰 생각하거나 경계하려는 시도는 잘 보이지 않는다. 이미 벌어지고 있고, 어쩌면 한발 늦었을지도 모르는 지구상의 수많은 오염과 위기에 대해서 우리는 모르고 있지 않다. 그러나 인간의 소비 욕망은 멈출 기색이 없다. 코로나로 인해 비행기의 이륙 횟수가 대폭 줄어든 뒤 역설적이게도 전보다 훨씬 더 맑은 하늘과 공기를 갖게 되었다고 한다. 이제 지속 가능한 삶을 위해 우리가 어떤 것을 멈춰야 하는지 진지한 고민과 토론이 필요한 시점이다.

08
타인의 기준에
휘둘리지 않는 사람들

_____

_____

_____

세상엔 누구도 살아 본 적 없는 자신만의 삶을 사는 사람들이 많지는 않아도 늘 있었다. 사회의 관습과 도덕에 맞춰 사는 방식이 아니라 자신과 타인의 자유를 더 확대하기 위해 자신만의 규범을 만들었던 사람들, 이들은 살아가면서 생기는 관계에서 비롯된 여러 의무를 신경 쓰지 않았다. 자유를 쫓으며 자신만의 삶을 살려 했기 때문이다. 사회의 문화가 가르쳐준 대로 살지 않고, 그때그때 일어나는 자신의 감정과 욕망이 이끄는 대로 선택하며 살았기에 뻔하게 살지 않았고, 즉흥적인 재즈처럼 인생을 연주했다. 자신의 하루하루를 새롭게 조각해냈다. 새처럼, 사슴처럼, 바람처럼.

대표적으로 19세기 초 프랑스 파리의 '보헤미안 Bohémien'이 있다. 보헤미안이란 용어는 지금의 체코 공화국 서쪽에 있는 보헤미아란 지역에서 유래했다. 보헤미안은 보헤미아를 통해 프랑스 수도로 들어온 로마니Romani 사람들을 부르기 위해 사용된 프랑스어 보헤미안에서 유래했다. 임대료가 싸서 낮은 계층의 사람들이 모여 살던 프랑스 파리의 한 지역인 로마니에 가난한 예술가, 작가, 시인 등의 여러 창작자가 몰려들었다. 이런 창작자들을 부르는 말로 보헤미안을 사용하기 시작했지만 그 이후로 보헤미안은 더 넓은 의미를 갖게 된다. 기이하고 평범하지 않은 삶의 방식을 가졌거나 예술, 여행, 자유로운 연애 등을 추구하는 사람들을 부르는 수식어가 된 것이다. 이들에게 있어 예술은 삶에서 필수적인 부분이었다. 그들은 계층, 자본 등의 그 당시 사회의 지배적인 가치를 중요하게 여기지 않았고 19세기 프랑스 사회의 전통과 규범을 하찮거나 위선적인 것들로 여겼다. 보헤미안들은 사회의 전통이나 규범, 주변 사람들이 당연하게 여기는 방식으로 사는 게 아니라 자신이 원하는 대로 살았다. 자신만의 방식으로 자유롭고 창의성 있게 살아가며 변화를 중시했다. 음악과 문학을 즐기며 무소유에 바탕을 둔 삶을 살았다. 이렇게 시작된 보헤미안 문화는 현재까지 이어진다.

현대의 보헤미안들은 교육 수준이 높고 다양한 철학을 공부하며 탁월한 예술작품을 창조한다. 자신의 삶과 관련된 모든 분야에 관해 책을 읽으며 자신만의 시간을 보낸다. 이들은 평생에 걸쳐 자신만의 걸작을 만들어낸다. 책을 쓰거나 음악을 만들고 예술작품을 완성한다. 전통적이지 않은 방식으로 자신을 예술로 표현한다. 어쩌면 이들이 사는 삶의 고유한 형태가 하나의 예술작품일 수도 있다. 이들 삶에 있어 또 하나의 중요한 특징은 여행이다. 낯선 사람을 만나서 생기는 새로운 경험을 즐긴다. 유명 관광지보다는 자연의 생명력이 느껴지는 곳을 찾는다. 많은 사람이 주목하지 않은 곳을 여행한다. 이런 삶의 가치와 방식을 가진 자유인들은 자신들이 그 무엇으로 불리든지 간에 전혀 신경 쓰지 않는다.

파리의 몽마르뜨는 파리의 비범한 영혼들이 모인 곳이었다. 재치와 매력이 넘치는 사람들, 예술가들, 보헤미안들이 술집과 카페에 모여 인생을 자유롭게 즐겼다. 수녀들은 이곳에서 와인을 만들기도 했다. 파리의 외곽에 있던 몽마르뜨는 도시 세금을 면제받았다. 그래서 경제적으로 넉넉지 않았던 예술 애호가들이 이 언덕으로 모여든 것이다. 저렴한 와인을 마시며 멋진 도시를 내려다봤다. 현재에도 세계적으로 유명한 레스토랑과 공연장이 있는 몽마르뜨는 원래의 정신을 일부 간직하고 있다. 하지만 그 당시의 몽마르뜨는 과거의 이야기 속에만 있을 뿐이다.

몽마르뜨라는 이름의 기원을 살펴보면 역사적으

로 '순교자의 산'으로 알려졌다. 그러나 종교에 말을 아끼던 보헤미안들에게는 별로 중요한 것이 아니었다. 몽마르뜨 언덕 꼭대기에는 오래된 풍차가 있었다. 이 풍차의 주인이 레스토랑을 열었고 이곳에 많은 예술가가 찾아왔다. 엄격한 규범에 갇혀 지루해했던 사람들은 이 식당에서 의미 있는 대화를 나누며 일종의 해방감을 느꼈다. 마음 맞는 자유로운 사람들과 좋은 음식과 와인을 나눴다. 화가 빈센트 반 고흐 Vincent van Gogh 와 피에르 오귀스트 르누아르 Pierre-Auguste Renoir 가 이 레스토랑을 그려 이곳을 유명하게 만드는 데 일조했고, 많은 이들이 추억할 장소로 만들었다. 작가 에밀 졸라 Emile Zola 는 몽마르뜨를 '시골의 공기를 즐길 수 있을 뿐만 아니라 정치나 여러 심각한 이야기에서 벗어날 수 있는 장소'라고 평하기도 했다.

또한 몽마르뜨에는 일명 '바토 라부아르 Bateau-Lavoir: 세탁선'로 불리는 집이 있었다. 전설적인 예술가들이 모여 살았던 곳이다. 나무 바닥이 불안정할 정도로 너무 오래되고 무너져가는 허름한 집이었다. 비만 오면 삐걱거리는 소리가 집 안을 울렸다. 외관이 센 강의 세탁선을 닮아 예술가이자 비평가인 막스 자코브 Max Jacob가 이 집을 바토 라부아르라 이름 지었다.

피카소는 모더니스트 예술의 진정한 걸작 중 하나이자 최초의 진정한 현대 미술 중 하나인 '아비뇽의 처녀들 Les Demoiselle D' Avignon; 1907'을 이곳에서 완성했다. 비운의 화가 아메데오 모딜리아니 Amedeo Modigliani도 이 집에서 한동안 거주했었다. 그는 작품의 탁월함이 무색할 정도로 주정이 심했다고 한다. 바토 라부아르는 이후 화가뿐만 아니라 작가, 비평가 및 미술상을 위한 회원 전용 클럽이 되었다. 이곳에 살았거나 자주 방문한 사람 중에는 앙리 마티스 Henri Matisse, 거투르트 스타인 Gertrude Stein, 장 콕토 Jean Cocteau, 기욤 아폴리네르 Guillaume Apollinaire와

조르주 브라크Georges Braque도 있었다.

카바레이자 버라이어티 쇼 공연장이었던 '르샤누아Le Chat Noir; 검은 고양이' 또한 몽마르뜨 밤 문화의 주요 모임 장소 중 하나였다. 그림자 인형 연극 및 모놀로그 연극을 상연했다. 예술계의 유명인사들이 이곳을 자주 찾았고 그중에는 작곡가 클로드 드뷔시Claude Achille Debussy, 몽마르뜨의 야경을 그린 화가 앙리 드 툴루즈 로트레크Henri de Toulouse-Lautrec, 무용수인 잔 아브릴Jane Avril 그리고 시인 폴 베를렌Paul Verlaine이 있었다.

그 이름도 유명한 물랑 루즈Moulin Rouge도 밤 문화를 즐길 수 있는 대표적인 명소였다. 이곳은 보헤미안들을 위한 방탕의 장소로 악명이 높았다. '캉캉Can-Can' 댄스가 이곳에서 시작되었다. 압생트를 파는 곳으로도 유명했다. 이 술은 알코올 도수가 높고 아니스라는 식물 향이 나는 쑥으로 만드는데, 이 압생트를 마시기 위해 툴루즈 로트레크가 가장 즐

겨 찾았던 곳이 물랑 루즈였다. 이 술은 '녹색 요정'
으로 불리면서 프랑스 보헤미안들 사이에서 인기를
끌었고, 중독되는 이도 많았다. 그림의 주제가 될 정
도였다. 뇌세포를 파괴하고 강력한 환각을 일으키
는 문제 때문에 20세기 초에 금지되었다가 같은 세
기말에 다시 생산되기 시작했다.

　몽마르뜨와 예술가들의 삶은 대부분 역사 속으로
사라졌다. 현대에 들어서 영화 감독 우디 앨런Woody
Allen의 영화 〈미드나이트 인 파리 Midnight in Paris〉에
그 시절이 묘사되기도 했다. 몽마르뜨는 현실과는
거리가 먼 삶에 대한 뜨거운 열정과 즐거움으로 가
득했다. 이곳에서는 살아 있다는 것이 곧 자유를 의
미했다. 이 언덕에서 많은 예술가가 위대한 소설을
쓰고 걸작을 그리거나 가장 대담한 음악을 작곡하
려 했다. 열망과 자유가 충만했다. 숨 막히는 규범으
로 가득한 부르주아 문화와는 전혀 다른 세계였다.
이곳에서 탄생한 수많은 예술작품과 화려하고 대담

하게 살았던 인물들에 대한 추억을 담고 있는 몽마르뜨는 여전히 그 자리에 있다. 신화적일 정도의 자유가 충만했던 땅의 기억을 품은 채로. 이처럼 지배적인 문화에 저항하며 자신만의 삶을 살았던 예술가와 철학자들의 삶을 살펴보는 것도 현대를 살아가는 우리만의 자유를 찾아가는 여정에 도움이 될 수 있다.

아메데오 모딜리아니
Amedeo Modigliani, 1884–1920

모딜리아니는 20세기 초기에 등장한 큐비즘, 초현실주의, 미래주의 등 수많은 미술사조의 홍수 속에서 자신만의 스타일을 고집한 화가다. 그는 소위 어떤 '주의ism'에도 자신을 구속하지 않았기 때문에 독보적인 예술가로 평가받는다.

위대한 화가였지만 비극적인 삶을 살았던 모딜리

아니는 전형적인 보헤미안 예술가였다. 그는 부르주아 사회의 정치적, 문화적 제도에서 비롯한 고통에서 벗어나려 노력했다. 식당에서 밥값과 자기가 그린 초상화를 바꿀 정도로 평생 가난하게 살았다. 그러다 보니 그의 삶은 평탄하지 않았다. 예술, 섹스, 마약, 술에 빠졌다. 사생활이 너무나 극단적이어서 작품까지 정당하게 평가받지 못할 정도였다. 그는 결국 1920년 결핵성 뇌막염으로 35세에 세상을 등진다. 그는 연인인 잔 에뷔테른 Jeanne H buterne 옆에서 죽었다. 그가 죽은 지 이틀 후에 그녀도 5층 창문에서 몸을 던진다. 에뷔테른의 부모는 보수적인 중산층에 속했다. 그러다 보니 가난하고 병약하며, 마약을 하는 유대인인 모딜리아니를 싫어했다. 하지만 그들은 개의치 않고 함께 살았다. 같은 해 모딜리아니는 개인전을 열었지만 외설적이라는 비판만 받은 채 전시회는 실패했다. 죽은 후에야 명성을 얻게 되고, 그의 비극적인 삶이 소설과 다큐멘터리 영

화로까지 만들어졌다. 이번 세기 들어 그의 그림은
최소 수백억 원에서 천 억이 넘는 금액에 팔리기도
했다.

레오노르 피니
Leonor Fini, 1907-1996

레오노르 피니는 남성 중심의 프랑스 초현실주의
운동의 몇 안 되는 여성 예술가 중 한 명이다. 아르
헨티나 태생의 화가이며 20세기 전반기에 파리 예
술계를 주름잡았다. 그녀는 뛰어난 아름다움, 쾌활
한 성격, 화려한 스타일 및 삶에 대한 자유로운 견
해로 유명했다. 전문적인 예술 교육을 받지는 않았
고 오히려 10대 시절에 일시적인 실명을 겪었으며
실명 중에 보았던 것들을 예술로 표현했다. 페미니
스트이자 매우 독립적이었던 그녀는 권력의 위치에
있는 여성을 그렸고 여성성을 찬양했다. 모든 파티

에 참석하고 수많은 잡지에 출연했기 때문에 보헤미안 파리 사회에서 가장 유명한 인사 중의 하나였다. 그녀는 늘 주목의 대상이었다. 그녀는 자주 머리를 파란색, 주황색, 빨간색 또는 금색으로 염색하고 남자 복장으로 파티에 가거나 부츠와 깃털 망토만 착용하고 파티에 등장하기도 했다. 공개적으로 양성애자인 것을 밝혔으며 결혼에 관한 부정적 견해로도 유명했다. 남자 친구의 연인을 집으로 초대해 사랑을 나누거나 여자 친구의 연인을 집으로 초대해 사랑을 나누는 형태의 연애를 한 것으로도 유명하다. 1996년, 그녀는 두 명의 연인과 열일곱 마리의 고양이와 함께 파리의 한 아파트에서 죽음을 맞았다.

파블로 피카소

Pablo Picasso, 1881–1973

피카소는 스페인에 있는 동안 전설적인 선술집이

자 성매매 업소인 포갯츠 아트 살롱Els Quatre Gats을 자주 방문했다. 하지만, 그의 진정한 보헤미안 생활은 1900년 파리의 몽마르트르에서 시작되었다. 파리의 이 시골 지역은 장인, 공장 노동자, 상인, 사소한 범죄자, 공연자 및 성매매 여성이 사는 곳이었다. 피카소는 압생트에 빠졌다. 바토 라부아르로 이사한 후, 자신의 새로운 뮤즈인 페르낭드 올리비에Fernande Olivier를 만나 함께 아편을 복용하기도 했다. 피카소는 수많은 여성과 관계를 맺었지만, 그의 예술적 발전에 결정적인 촉매 역할을 한 여성은 일곱 명 정도였다. 그들 중 두 명은 자살했고 두 명은 미쳤다. 피카소는 말 그대로 자기 멋대로 살았다. 그 탓에 바람둥이나 여성 혐오주의자란 수식어도 따라다녔다. 이런 호칭은 피카소와 거의 10년간 함께 살았던 프랑수아즈 질로가 붙여준 것이다. 죽음도 거창했다. 자신의 집에 친구들을 초대해 술을 마시며 죽음을 맞았다. 그의 마지막 말은 이것이다. "나와 내 건강을 위해 마시자! 내가 더 마실 수 없다는 거 다 알잖아!"

시몬 드 보부아르와 장 폴 사르트르, 자유 결혼
(open marriage)

시몬 드 보부아르와 장 폴 사르트르는 오십 년 넘게 결혼 관계를 유지한다. 보부아르는 『제2의 성』의 저자이자 여성주의의 대모이고, 사르트르는 『존재와 무』를 쓴 실존주의 철학의 대가다. 보부아르와 사르트르는 '자유 결혼' 관계로 자신들이 추구한 실존주의적인 삶을 살았다. 사회의 규범과 관습이 개인이 누릴 자유를 심각하게 제한한다고 생각한 둘은 지난 세기를 대표할 만한 연인이었으며 여성주의 운동, 알제리 독립을 위한 투쟁과 지지, 1960년대 프랑스 사회에 저항하는 젊은이들의 운동에 지대한 영향을 끼쳤다.

둘은 서로에게 절대 거짓말하지 않는다는 약속을
하고 자유 결혼을 한다. 같이 살지는 않고 서로 각자
의 집에서 지냈지만 거의 매일 파리의 카페에서 차
를 마시며 대화하고, 서로의 철학적인 생각을 공유
하며 책을 썼다. 사르트르가 쓴 거의 모든 책은 보부
아르의 손을 거치지 않은 것이 없을 정도였다. 이런
지적인 교류를 51년간 지속했다. 이 둘의 사랑은 보
통 사람들의 눈에는 이해할 수 없을 정도로 과도하
게 자유로웠다. 특히 사르트르는 더없이 자유로웠
다. 사르트르는 하루에 두 명의 여자와 같은 호텔에
번갈아 가기도 했다. 요일마다 다른 연인의 집에서
사랑을 나눌 정도였다. 물론 그의 요일별 연인들은
서로의 존재를 알지 못했다. 하지만 보부아르는 그
의 연인을 다 알고 있었다. 사르트르는 거짓말을 하
지 않았으니까.

　보부아르는 사르트르에 비하면 덜했지만 그 당시
사회적 상황을 고려하면 그녀 역시 일반적이진 않

다. 미국의 소설가 넬슨 엘그렌Nelson Elgren과 사랑에 빠지기도 하고, 자신이 가르치던 여성 제자와 사랑을 나누다 그 소녀의 부모에게 고발을 당하기까지 했다. 이 사건으로 그녀는 교사직에서 물러난다.

심지어 자신과 사랑을 나눈 여성을 사르트르에게 데려가 함께 관계하기도 했는데, 이 셋의 관계는 수년간 지속됐다. 이런 보부아르의 자유로웠던 연애에도 불구하고 사르트르가 성적인 부분에서는 훨씬 더 자유분방했다고 한다. 둘의 자유 결혼 관계는 이런 식이었지만 보부아르는 사르트르를 만난 것이 자기 인생에 가장 의미 있는 일이라고 말할 정도로 그를 사랑했다. 여성주의 운동보다, 문학 작품으로 상을 받은 것보다, 알제리 독립을 위해 애쓰는 것보다도 사르트르가 더 소중하다고 말했을 정도다. 지칠 줄 모르는 사르트르의 연애에 질투심을 느끼면서도 말이다.

이처럼 보부아르와 사르트르는 사랑과 결혼에 대

한 사회적 전통과 규범을 인정하지 않고 실존적인 실험을 대담하게 실행했다. 사회적 규범을 공개적으로 어겼을 때 따르는 사회적 시선에 맞섰던 용기가 새삼 대단하다. 물론 이 둘의 실험적인 사랑과 결혼 관계에 관해 용인하기 힘든 부적절한 부분도 있을 것이다. 평가는 각자의 몫이다.

이들처럼 살아야 한다는 말이 아니다. 앞서 소개한 예술가들도 마찬가지다. 사람마다 도덕적 평가도 다를 것이고, 감행하기도 쉽지 않은 삶이다. 이들의 삶을 살펴본 건 삶의 여러 측면에서 자유를 추구하는 방식이 있다는 것을 보여주고 싶어서였다. 옳은 삶은 없다. 타인의 삶은 결국 자유를 추구하는 나만의 방식을 찾기 위한 하나의 단서일 뿐이다.

09
공간의 제약을 무너뜨린 사람들

_____

_____

_____

노마드 Nomad는 단순히 번역하면 유목민이란 뜻이지만 프랑스의 철학자 들뢰즈 Gilles Deleuze로 인해 특정한 가치와 삶의 방식에 얽매이지 않고 끊임없이 자기를 부정하면서 새로운 자아를 찾아가는 것을 의미하는 철학적 개념으로 자리잡았다. 관계와 의무에서 벗어난 삶을 원한다면 '길 위에서 일하는' 노마드를 목표로 하는 것도 나만의 삶을 위한 하나의 해법이 될 수 있다.

원격으로 일이 가능한 직업을 가졌다면, 한곳에 정착할 필요 없이 방랑자가 되는 게 가능하다. 본인의 필요에 따라 주거용으로 개조한 차량으로 세계를 여행하는 사람들이 점점 늘어나고 있다. 유튜브

만 봐도 중고 트럭을 개조하거나 밴을 개조해 여행하며 여행 이야기를 올리는 사람들을 쉽게 찾을 수 있다. 혼자 여행하기도 하고, 은퇴한 부부끼리 여행하는 경우도 있다. 때로는 노마드끼리 여행단을 만들기도 한다. 내키는 대로 함께 모이기도 하고 흩어지기도 한다. 기분따라 이동하고 한곳에 오래 머물기도 한다. 노마드 생활을 꿈꾸지만 막상 막막하다면 오래전부터 노마드로 살고 있는 이들의 유튜브나 관련 다큐멘터리 영상을 살펴보는 게 좋다. 노부부에서 청년까지 다양하다. 다만 문제는 노마드가 되기 위해 한 사람의 삶에 어쩌면 필수적인 관계까지 단절하거나 소원해질 가능성이 있다는 것이다. 정착된 삶에서 여행하는 삶으로의 전환을 극단적이지 않게 점진적으로 해나갈 방법은 없을까. 몇 가지 시도해볼 만한 것들이 있다.

먼저 '집 교환House Swapping'이다. 집을 서로 바꿔서 다른 문화와 기후를 경험해보자는 아이디어는 오래전부터 있었다. 말 그대로 다른 나라나 도시에 사는 사람과 집을 바꾸어 사는 것이다. 서로의 약속에 따라 짧게는 일주일이나 한 달, 길게는 1~2년을 바꾸기도 하고 드물긴 하지만 어떤 이들은 영구적으로 바꾼다고도 한다. 이런 삶의 방식은 여행자를 넘어 현지인처럼 생활할 수 있다는 장점이 있고 무엇보다도 돈을 아낄 수 있다. 집 교환에 관심 있는 사람을 위한 전용 웹사이트도 있다.

집을 바꾸는 것도 부담스럽다면 더 쉽고, 큰 부담 없이 노마드 초보자가 여행할 방법도 있다. 카우치 서핑Couchsurfing이다. 많은 이가 하루나 이틀 정도 친구 집 소파에서 잔 적이 있을 것이다. 이 오래된 전통을 새로운 차원으로 끌어 올린 움직임이 바로 카우치 서핑이다.

대표적으로 글로벌프리로우더즈닷컴(Global-Freeloaders.com)과 카우치서핑닷컴(Couchsurfing.com)이라는 웹사이트에서는 무료로 여행할 장소를 찾고 있는 사람들과 그 장소를 제공하려는 사람들을 연결해준다. 이 두 사이트 모두 세계인들을 환대하는 회원들끼리 서로의 집을 이용할 수 있도록 장려한다. 전 세계 사람들이 손님 방이나 거실 소파에서 여행자를 재우는 네트워크를 만들었다. 카우치 서핑의 가장 좋은 점은 보통의 여행이나 패키지 투어로는 만날 수 없는 현지인을 만날 수 있다는 것이다. 카우치 서핑을 제공하는 현지인들은 자기 집에 방문한 여행객과 교류하며 그 지역의 현지인들이 좋아하는 저렴한 맛집, 멋진 바 등의 로컬 스팟을 소개해준다. 무엇보다도 현지인의 관점에서 그 나라와 그들의 삶에 관한 이야기를 듣고 체험할 수 있다는 게 카우치 서핑의 가장 큰 매력이다.

또는 유튜브에 '작은 집으로 크게 살기 Living Big in a Tiny House'라는 채널이 있다. 거의 사백 만 명 가까운 구독자를 보유하고 있는데, 전 세계에 있는 멋진 소형 집들을 찾아다니는 콘텐츠다. 영상을 보면 여섯 평 정도의 집을 트레일러에 올려놓고 사는 '작은 집 살기 운동Small House Movement'에 참여하는 사람들이 점점 늘고 있음을 알 수 있다. 작은 집 살기 운동은 미국의 서브 프라임 모기지 위기로 집을 잃은 사람들이 갑자기 늘어나면서 시작되었다고 한다.

이런 작은 집에 살기 시작하면 수십 년에 이르는 주택 담보 대출 계약에 얽매일 필요가 없다. 최소 몇억 원에 이르는 대출에서 나오는 원금과 이자를 매달, 그것도 최소 십 년 이상 갚아야 한다는 건 엄청난 심리적인 압박이다. 평균적으로 이 소형 집의 크기는 평수 기준으로 아무리 커도 열 평 이내다. 이런 집들은 원래 지을 때 바퀴가 달린 트레일러 위에 짓는다. 그래서 특별한 번거로움 없이 내가 살고 싶은 곳에다 주차하면서 살 수 있다. 이런 집들은 주인의 취향이나 집의 형태마다 다를 수 있지만 버려진 건축 자재나 친환경 재료로 만든다. 또 하나 매력적인 부분은 이런 이동형 소형 집들이 함께 모여 사는 마을도 전 세계적으로 생겨나고 있다는 점이다. 이런 마을에서는 주차용 땅, 세탁시설, 마을 정원과 같은 시설을 공유한다.

이처럼 카우치 서핑을 하든 작은 집을 트레일러에 이동하며 살든 자신에게 맞는 방식으로 틀에 박힌 일상에서 벗어나려는 사람들이 점점 더 늘고 있다. 이러한 노마드의 삶은 반복되는 일상을 떠나 낯선 인생과 세계가 가져다줄 새로운 경험이자 가능성이다. 낯선 이와의 교류를 통해 인해 우리 내면의 무언가가 깨지기도 하고 예상치 못한 폭발적인 에너지가 발생할 수도 있다. 이런 에너지가 한 사람의 인생을 바꾸기도 한다.

인간이 한곳에 정착해서 산 지는 만 년 정도라고 한다. 호모 사피엔스는 정착 생활을 하기 이전 최소 십만 년에서 최장 삼십 만 년은 따뜻한 날씨와 먹을거리를 찾아 이동하며 살았다. 이주 욕구는 근본적이다. 인간의 유전자는 수십만 년을 여행하며 살아온 삶의 방식을 기억하고 있을 것이다.

10
관계의 한계를 뛰어넘은 사람들

_____

_____

_____

그러나 모든 이가 다 유목민의 삶을 살 수는 없을 것이다. 각자 처한 환경이 어떤 이는 조금 느슨할 것이고 어떤 이는 옴짝달싹하지 못할 정도로 구속적이기도 할 것이다. 노마드처럼 이동하며 살 수 없다면 또 하나의 근본적인 필요인 '교류'하는 삶을 살 수 있는 방법을 탐색해봤다. 아무나 만나는 게 아닌 나와 취향과 생각이 통하는 사람들을 만나는 방법, 단순히 가끔 만나는 것을 넘어 아예 함께 살아가는 법에 대한 이야기다.

도시에서 물리적으로는 가깝게 살지만 결국 아는 이웃 하나 없이 사는 게 아닌 나와 비슷한 사람들이 한 마을이나 연립주택 같은 곳에서 함께 모여 산다면 어떨까.

앞 장에서 살펴본 이주에 대한 욕구도 근본적이지만 나와 여러모로 맞는 사람과 함께하고 싶은 것도 마찬가지일 것이다. '코하우징 Co-housing'이라 불리는 주거 공동체, 다시 말해 공동체 생활을 하는 협동 주거 형태가 이런 필요를 채워줄 괜찮은 방법이 될 수 있을 것 같다.

입주자들은 사생활을 누리면서도 공용 공간에서 교류한다. '같이 또 따로' 정신을 주택에 구현한 것이라 할 수 있다. 일반적으로 30가구 안팎의 입주자들이 마을이나 연립주택에 모여 살며 각자 라이프스타일에 맞게 사생활 공간과 공용 공간을 설계하는 게 특징이다.

이처럼 코하우징은 주민들이 자신의 이웃 환경을 설계하고 운영하는 데 적극적으로 참여하는 일종의 공동 주거 형태다. 이 공통주택의 설계는 거주할 주민과의 접촉을 쉽게 하면서도 개인만의 생활을 지키는 것 모두를 중시한다. 사람들이 점점 지속 가능한 생활 방식과 유토피아적인 삶에 관심을 가지면서 이런 코하우징과 같은 집단 공동체가 인기를 얻게 되었다. 지향하는 바에 따라 공동체마다 약간의 차이가 있긴 하지만, 더 건강하고 지속 가능한 생활 방식을 추구한다는 공통점이 있다.

코하우징이 부담된다면 '공동주거 Co-living'라는 형태도 있다. 혈연관계가 없는 3~4명의 사람이 아예 주거 공간을 공유하는 형태다. 단순히 주거 공간을 공유하기도 하지만 공통의 가치와 취향을 공유하는 이들이 모여 사는 경우도 있다. 코하우징의 미니멀 버전이라고 생각하면 될 것 같다.

이런 형태의 주거를 원하는 사람들이 쉽게 서로를 찾게 해주는 온라인 플랫폼이 필요하다. 공통의 관심과 가치를 가진 사람들이 서로를 쉽게 찾을 수 있게 된다면, 익명화된 도시가 다시 함께 사는 공간으로 바뀔 수도 있다. 도시 속 작은 마을, 나만의 이

웃이 생기는 것이다.

생태적이고 평등한 공동체를 만들기를 원하는 사람들이 한곳에 모여 자신들의 이상을 실현해볼 수도 있을 것이며 공통의 관심사를 가졌거나 직종이 같은 사람들끼리 모여 사는 것도 괜찮을 것이다. 예컨대 농업을 해보고 싶은 이들끼리, 자유연애를 꿈꾸는 사람끼리, 환경 운동에 관심 많은 사람끼리 함께 산다면 일상이 새로워지는 것은 물론 실제적인 사회적 변화를 만들어 낼 힘이 생기지 않을까. 혼자서는 이룰 엄두가 나지 않았던 공동의 목적을 이뤄낼 수도 있을 것이다. 또한 서로의 필요를 기반으로 한 상권을 형성해 공동체만으로도 생계를 유지하는 사례가 생겨날 수도 있다.

혁신이란 것이 꼭 기술에만 국한되어 발생하는 것은 아니다. 사람이 모이는 곳에 쌓이는 경험과 정보가 융합되어 발생하는 삶의 형태 자체가 혁신을 만들 수 있다. 예를 들어 영국의 산업 혁명과 과학

혁명을 이뤄내는 데 기여한 것이 다름 아닌 영국 옥스퍼드에 있는 '그랜드 카페'였다고 한다. 홍차와 커피가 들어오기 전에는 영국인은 낮에도 물 대신 술을 마셨다고 한다. 18~19세기 영국엔 깨끗한 물이 충분치 않았기 때문이다. 지금도 존재하는 이 그랜드 카페는 우리의 시선으로 보면 현재의 여느 카페와 다르지 않지만, 술을 주로 마시던 영국에 홍차와 커피를 들여오면서 영국인들의 삶이 바뀌었다고 한다. 사람들이 처음으로 낮 동안에 취하지 않은 정신으로 살게 된 것이다. 덕분에 여러 분야의 학자들과 작가, 예술가, 과학자들이 이 카페에 모여 지식과 경험을 공유하면서 혁신이 시작되었다고 한다.

이처럼 비슷한 관심사를 가진 다양한 직업군의 사람들이 모여 살며 서로의 사상적, 기술적 자원을 공유함으로써 혁신을 이뤄낼 수도 있다. 어쩌면 공동체가 경제적으로 자립하게 될 수도 있다. 그러나 어떤 성과를 내지 못해도 괜찮다. 공통의 가치를 가진 사람들이 모여 공통의 목표를 이뤄가는 과정 자체가 의미 있고 즐거운 일이기 때문이다. 최소한 무료하고 반복적인 삶에 새로운 의미를 줄 수 있다. 우리는 되풀이되는 일상에서 벗어나고 싶다. 그러나 마음이 맞는 사람들을 일상에서 찾기는 쉽지 않다. 특히 취향과 가치가 마이너한 사람은 더욱더 그렇다. 그렇기에 가치와 취향이 맞은 사람들과 함께 사는 것 자체가 일상의 활기와 환기를 가져다줄 것이다.

11
죽음, 변하지 않는 영원한 멘토

_____

_____

_____

나는 대학에 들어오고 나서야 진정으로 내가 궁금하고 배우고 싶은, 호기심에 바탕을 둔 공부를 하기 시작했다. 한국의 공교육 특성상 나와 비슷한 경우가 적지는 않을 것이다. 고등학교까지는 대학 입시를 위해 관심 없는 과목도 억지로 공부해야 하기 때문이다. 어쨌든 진짜 궁금한 것에 대한 답을 얻기 위해 공부하면서 느낀 것은 학문적으로든 인성적으로든 본받을 만한 멘토의 필요성이다.

여러 서적을 읽어가면서 훌륭한 서양 철학자나 사상가들에게서 많은 지적인 영감을 얻을 수 있었지만 대부분 과거의 사람들이었다. 살아있는 국내의 학자들도 있었지만, 이들의 철학과 일상적 삶에는 어느 정도의 격차가 있을 것이라 생각했다. 물론 깊이 있는 고민과 연구를 통해 쓰인 책들에서 많은 지적 깨달음을 얻을 수 있어 보람 있었고, 그 저자들한테 감사한 마음도 가지고 있다. 하지만 그 당시의 나는 눈앞의 실제적인 멘토를 원했다. 그러나 그런 멘토를 찾을 수는 없었다.

사회가 정해준 대로, 누구든 예상 가능한 그런 인생이 아닌 내가 진정으로 원하는 것을 찾아 목표를 설정하는, 나만의 가치대로 살 수 있도록 방향을 잡아줄 인생의 코치를 찾는다는 것, 그것은 정말 가능한 일일까. 사실 모든 사람은 결국 이중적인 것을 넘어 다중적이다. 누군가의 멘토 역시 어두운 면이 있고 결국 언젠가는 그 멘토를 신뢰할 수 없게 된다. 언제까지고 실망할 필요가 없는 멘토를 찾는 건 근본적으로 불가능할까. 멘토라고 자임하는 수많은 이들이 넘치는 세상에서 역설적으로 그들의 존재를 불필요하게 하는 그런 멘토를 바라는 건 너무 이상적일까.

　이런 나의 고민을 해소해준 하나의 이야기가 있다. 책을 읽다가 접한 인도의 한 스승과 제자에 관한 이야기다. 깨달음을 원했던 한 제자가 당시 가장 훌륭하다고 알려진 스승을 찾아가 오랜 세월 가르침을 받았다. 가르침 끝에 스승이 제자를 불러 이렇게 말했다. "너에게 모든 걸 가르쳐 주었다. 이제 나를 떠나 혼자 수행하며 살 거라. 하지만 떠나기 전에 심부름을 하나 해줘야겠다. 내게 친한 왕이 있는데 그 왕에게 가서 내가 너를 보냈다고 해라." 제자는 스승의 말을 듣고 왕을 찾아가 자신이 그 스승의 제자라고 말했다. 그랬더니 왕이 연회를 개최해 그 제자를 배불리 먹이며 환대해줬다. 연회가 끝나고 화려한 방으로 인도되어 하룻밤을 묵게 되었다. 편안하고 멋진 방을 제공해준 왕에게 그리고 스승에게 감사한 마음으로 침대에 누운 제자는 얼마 지나지 않아 기겁했다. 침대 위 천정에 날카로운 작두가 가는 실로 매달려 있었기 때문이었다. 그 실이 작두의 무게를 견디지 못해 떨어지기라도 하면 목이 잘릴 판이었다. 그래서 제자는 한순간도 눈을 편하게 감고 잠을 잘 수 없었다. 뜬눈으로 밤을 지샌 뒤 왕에게 감사를 표하고 스승에게로 돌아왔다. 그리고 그 작두 얘기를 스승에게 전하자, 그 스승이 이렇게 말했다. "그 작두가 내가 너에게 주는 마지막 가르침이다. 이제부터 '죽음'이 내가 없어도 너를 독립해서 살게 해줄 것이다."

이 이야기를 읽고 나도 깨달음을 얻었다. 스승이 없는 세상에서 죽음만이 스승의 역할을 해줄 수 있다는 것을. 죽음은 우리의 버킷 리스트를 선명하게 해준다. 죽음이 가까워지면 우리는 살면서 꼭 하고 싶었던 일을 떠올린다. 얼마 남지 않은 시간만이라도 자신을 행복하게 해주고 싶기 때문이다. 역설적이지만 죽음이 오히려 나를 행복하게 만드는 법을 가르쳐주는 것이다. 어쩌면 죽음이 행복을 위한 우리의 영원한 멘토일지 모른다. 인생이라는 여정에서 순간순간 선택이 필요할 때, 죽음에게 길을 묻는 것이다. 나는 행복이란 문의 열쇠는 죽음이 쥐고 있다고 생각한다. 죽음은 이중적이지도 다중적이지도 않다. 우리를 실망시키지도 않는다. 이 얼마나 좋은 스승인가. 하지만 많은 이에겐 죽음이 스승으로 삼을 만큼 가깝게 느껴지진 않을 것이다. 뉴스에 보도되는 사고로, 테러로, 전쟁으로, 재난으로 많은 죽음을 접하지만 일상에서 가까운 사람의 죽음을 직접 접하지 않는 이상은 죽음에 대해 많이 생각하며 살지는 않는다.

죽음이란 말 자체가 약간의 금기로 느껴지기도 하고, 노인을 제외한 거의 모든 젊은 사람에게 죽음은 너무나 먼 일, 남 일처럼 느껴지기 때문이다. 어려서부터 병약했던 나는 병원에서 나와 같은 또래의 아이들이 투병하다가 죽는 걸 지켜봤다. 사촌 동생이 어느 날 갑자기 사고로 죽은 일도 있었다. 큰

충격이었다. 죽음은 결코 먼 곳에 있지 않았다. 누구나 예외 없이 겪는 일임에도 우리는 죽음에 관해 너무 무심하다.

실존주의 철학에서는 죽음을 어떻게 볼까. 실존주의 철학자 하이데거와 사르트르는 실존적이지 못한 개인에 대해 언급했는데, 하이데거는 '비진정한inauthentic' 선택이라는 표현으로, 사르트르는 '나쁜 신앙bad faith'으로 묘사했다. 실존적이지 않다는 말은 의식적으로 자신이 사는 삶에 대해 진지하게 생각하지 않고 그저 남들처럼 사는 것을 의미하기도 한다. 나아가 자신의 자녀까지도 자기가 걸어온 길로 끌고 가 대물림하는 삶이다. 니체 또한 이러한 사람을 두고 '무리 혹은 떼의 윤리'를 따르는 것이라 말했다. 그러면 실존적인 선택을 할 때, 그 선택의 기준은 무엇일까. 자신과 타인의 자유다. 그리고 그 자유를 확대할 방법을 죽음에서 배울 수 있다. 사람은 태어나는 순간 죽음이라는 종착지를 향해 나아간다. 삶은 어쩌면 죽음을 향해 가는 동안 내리는 선택의 연속일 뿐인지도 모른다. 그 선택이 우리의 시간과 공간을 결정하며, 현재의 우리는 지나온 시공간의 제일 앞면인 것이다. 실존주의는 일상의 사소한 선택이든 운명을 결정할 중대한 선택이든 늘 죽음이라는 목적지를 염두에 두고 선택하라 권한다. 죽음은 인생의 한계를 명확히 드러낸다. 그 죽음 앞에서 '내가 살고 싶은 삶을 살았어'라고 당당히 말할 수 있게 선택하라는 의미일 것이다. 개인적으로 죽음 이후에도 삶은 끝나지 않는다. 누군가의 기억 속에 남게 된다.

나는 샤를 푸리에 Charles Fourier 라는 프랑스의 사상가이자 철학자를 깊이 존경한다. 푸리에는 자신이 죽은 지 수백 년이 지난 후에 아시아의 작은 나라에서 자신을 존경하는 중년 남성이 있으리라고 상상이나 했을까. 나 또한 나의 아들과 나를 사랑해준 사람들에게 좋은 사람으로 기억되고 싶다. 우리는 모두 불완전하고 감정적이기에 실수한다. 그래서 가능한 한 후회할 선택을 하지 않기 위해, 사람들의 마음속에 좋게 기억되기 위해 항상 죽음과 죽음 이후를 생각하며 산다.

『이반 일리치의 죽음』이라는 소설이 있다. 톨스토이의 대표적인 중단편 소설이다. 이 소설은 제목처럼 주인공의 죽음에 관한 이야기다. 일리치는 판사다. 그것도 매우 능력 있는. 그 능력 때문에 법원 내에서도 인정받는다. 아랫사람에게 존경받는 인물이며 사교계에서도 사랑받는다. 더불어 좋은 집안에서 자란 아름다운 부인을 뒀고 멋진 집과 신분에 걸맞은 가구와 장식품도 가졌다. 있어 보이는 물건들로 집을 꾸몄지만 그것은 사실 자신의 취향보단 상류층에 대한 동경과 허영심을 채우기 위함이었다. 정작 귀족들에겐 별 것 아닌 것들이었다.

그는 새집을 장식하다가 옆구리 쪽을 부딪친 후부터 알 수 없는 통증에 시달린다. 이 통증이 멀게만

보였던, 아니 전혀 상관이 없는 것처럼 보였던 죽음
으로 일리치를 끌어당긴다. 통증이 점점 심해지는
과정에서 일리치는 죽음을 잊어보려 게임도 하고,
여러 의사를 찾기도 한다. 하지만 죽음은 더욱 가까
이 일리치에게 다가온다. 죽음의 존재를 더는 무시
할 수 없게 되면서 일리치는 자신의 인생에 가득했
던 위선과 거짓에 대해 깨닫게 된다. 죽음은 일리치
에게 자신의 삶을 돌아보고 질문하게 했으며 피할
수 없는 죽음의 본성에 관해 묻게 했다. 일리치는 타
인의 가치에 맞춰 한 치의 오차도 없이 살아온 자신
의 인생에 환멸을 느끼기 시작한다. 자신의 부인과
딸도 자신과 똑같은 인생을 살았다. 그래서 일리치
는 부인과 딸의 삶까지 혐오한다. 그리고 그 혐오는
다시 자신에게로 향한다.

　죽음 앞에서도 자신의 이익과 즐거움을 먼저 생
각하는 이들의 삶을 혐오하지만 자신 또한 그들과
다르지 않았다. 몇 발자국 앞까지 다가온 죽음 앞에

서 일리치는 충직한 하인의 한결같은 배려와, 자신을 보며 흐느끼는 아들의 눈물에서 진정한 삶이란 어떠해야 하는지에 대한 실마리를 발견한다.

실존주의는 죽음을 피할 수 없는 개인에게 여러 질문을 던진다. 사회의 여러 제도, 규범 체계, 그리고 나를 둘러싼 환경에 순응하며 살 것인지 아니면 이런 세상에 던져진 운명이지만 처지와 제도를 어떻게든 극복해 꽃을 피워낼 것인지를 묻는다. 대로를 한 방향으로 걷는 거대한 군중에게 '그저 따라 걷고 있는 것인지 아니면 의식적으로 선택한 것인지, 혹 이 큰길을 벗어나 샛길로 빠져볼 용기는 없는지, 스스로 길을 만들어볼 생각은 없는지'를 묻는다.

죽음 앞에서 자신의 삶을 되돌아볼 때, 시지프스의 오르막길과 어깨 위의 바위만이 생각난다면, 우리는 그 인생에 만족할 수 있을까. 이 책을 쓰기 시작한 이유는 죽음 앞에서 일리치처럼 후회하고 싶지 않아서이고, 환경을 탓하며 굴레에 굴복하기보다는 어떻게 해서든 나를 가둔 일상의 감옥을 무너뜨리고 싶어서였다. 내 욕망, 내 판단, 내 행동을 통제하려는 보이지 않는 힘으로부터 나를 더 자유롭게 하고 싶었고, 자신만의 인생을 조각하는 방식의 삶도 있다는 것을 알리고 싶었다. 우리는 무엇이든 될 수 있다. 보헤미안이 될 수도, 예술가가 될 수도, 실존주의자가 될 수도 있다. 노마드가 될 수도, 마음 맞는 사람들과 함께 모여 살 수도 있다.

나는 나와 같은 생각을 갖고 고민하는 사람들을 만나 대안적인 삶을 살고 싶다. 이 책을 읽으며 진정으로 원하는 삶과 행복에 대해 질문하고 있는 분들에게 당신은 혼자가 아니라고 말해주고 싶다. 다시 한번 용기를 내어 함께 일상의 단단한 감옥을 탈출해보자.

좋아서 하는 사람, 좋아 보여서 하는 사람

초판 1쇄 인쇄 2021년 4월 1일
초판 1쇄 발행 2021년 4월 8일

지은이 엄윤진
펴낸이 김상흔

책임편집 김상흔
디자인 이승은

펴낸곳 도서출판 흔
출판등록 2018년 5월 16일 제406-2018-000055호
주소 서울시 마포구 양화로 72 1324호
전화 010-4765-1556
이메일 tkdgms17@naver.com
출력·인쇄 상지사P&B

ISBN 979-11-90474-02-3(03190)